本书是 2013 年度国家社科基金项目"基于碳足迹理论的我国滨海旅游业低碳化发展途径与政策研究"（批准号：13BJY143）的最终验收成果之一。

STUDY ON

THE APPROACHES AND POLICIES

中国滨海旅游业低碳化 发展途径与政策研究

——基于碳足迹理论的视角

刘 明 吴姗姗 刘 堃 朱 璇◎著

OF CHINA'S

COASTAL TOURISM LOW CARBON DEVELOPMENT

——From View of Carbon Footprint Theory

社会科学文献出版社
SOCIAL SCIENCES ACADEMIC PRESS (CHINA)

前　言

气候变化是当今人类面临的最为严峻的全球性环境问题。自从 2009 年世界目光聚焦哥本哈根气候峰会后，"低碳"概念便引起国际社会的广泛关注。各国都在对其经济发展模式进行反思，从而在全球掀起了低碳经济的热潮。2009 年世界经济论坛"走向低碳的旅行及旅游业"的报告显示，旅游业碳排放占世界总碳排放的 5%，旅游业是温室气体排放的重要来源之一。2011 年 12 月 15 日，《中国旅游业"十二五"发展规划纲要》正式发布，其中提出"坚持节能环保，推进低碳旅游方式"原则，以及"倡导低碳旅游新理念"。在发展道路中提出了"走生态旅游、低碳旅游的道路"。2016 年 12 月国务院印发《"十三五"旅游业发展规划》，其中提出："推动旅游产业生态化、低碳化发展""引导旅游者低碳出行"。滨海旅游业既是国家海洋经济的支柱产业之一，也是国家旅游业的重要组成部分，走低碳化发展道路是大势所趋。

因此，研究滨海旅游业实现低碳化发展的途径和政策对于实现海洋经济低碳化发展，促进国家旅游业走低碳化发展道路具有重要的实践意义。将国外碳足迹理论和方法应用于滨海旅游业研究，能够提出可行性和可信性更高的低碳化发展途径和政策，对于探索、丰富和发展滨海旅游业研究的理论体系具有重要的理论意义。

在旅游业低碳化研究方面，国内外侧重点不尽相同。国外旅游业低碳化研究主要集中在碳排放测量、能源结构调整、减排经济手段评估、减排技术研究、公民低碳意识普及研究五方面。国内的研究主要集中在低碳旅游特征、理论体系、减排技术、景区酒店及社区低碳发展等方面。在碳足迹研究方面，国外研究者对碳足迹的研究较为全面，包括碳足迹内涵、支撑理论、碳足迹细分、区域碳足迹、家庭碳足迹、碳足迹标签等。国内研究者对碳足迹的研究尚处于初级阶段，目前国内仅有少量有关旅游业碳足迹的研究成果。

本书全面把握和评价国内外碳足迹理论研究动态，系统分析了滨海旅游业低碳化发展的概念、内涵、影响因素和评价指标与方法，确定了我国滨海旅游业碳足迹的主体；总结了发达国家和国际组织滨海旅游业低碳化发展的经验以及对我国的启示；构建了我国滨海旅游业低碳化评价指标体系，并定量评价了我国沿海地区滨海旅游业低碳化发展程度，对我国未来滨海旅游业碳足迹在征收不同碳税情境下进行了分析和预测；基于对我国现行滨海旅游业低碳化发展现状的分析，提出了我国滨海旅游业实现低碳化发展的重点方向和途径；从法律制度、发展规划、财政政策、试验试点等方面提出了我国滨海旅游业低碳化发展的公共政策建议。

本书成果的命题和内容，符合国家中长期总体发展战略思路，为国家制定海洋经济的宏观管理政策奠定研究基础，可作为决策参考。

刘　明

2017 年 6 月

撰写说明

本书是 2013 年度国家社科基金项目"基于碳足迹理论的我国滨海旅游业低碳化发展途径与政策研究"（批准号：13BJY143）的最终验收成果之一。项目组由国家海洋局海洋发展战略研究所和国家海洋技术中心的科研人员组成，项目负责人为国家海洋局海洋发展战略研究所刘明博士。

2013 年 6 月，本项目立项后，项目组根据项目申请书细化了研究方案和研究计划。在研究过程中，项目组先后赴山东青岛，浙江杭州、舟山，福建厦门和海南海口、三亚等地开展进一步的补充调研。经过两年多的努力，形成了正式研究报告，并于 2016 年 10 月通过全国哲学社会科学规划办公室审核准予结项。之后，在研究报告基础上形成本书。

本书包括五章。第一章是滨海旅游业低碳化发展的概念及碳足迹理论研究；第二章是国外低碳旅游政策对我国滨海旅游业低碳化发展的启示；第三章是我国滨海旅游业低碳化水平评价与碳排放情境预测；第四章是滨海旅游业低碳化发展的途径研究；第五章是我国滨海旅游业低碳化发展的公共政策研究。项目组成员及本书各章执笔人如下。

统　稿　国家海洋局海洋发展战略研究所　刘明　朱璇

第一章　国家海洋局海洋发展战略研究所　刘堃

第二章　国家海洋局海洋发展战略研究所　朱璇

第三章　国家海洋局海洋发展战略研究所　刘明

第四章　国家海洋局海洋发展战略研究所　刘明

第五章　国家海洋技术中心　吴姗姗

本书课题组

2017 年 6 月

目　录

第一章　滨海旅游业低碳化发展的概念及碳足迹理论研究

本章着重探讨滨海旅游业及其低碳化发展的概念和内涵，碳足迹的内涵、类型、核算标准及影响因素，为滨海旅游业碳足迹定量分析、碳足迹主体确定以及滨海旅游业低碳化发展政策研究提供理论依据和技术支撑。首先，探讨和阐述滨海旅游业及其低碳化发展的概念和内涵，综述国内外滨海旅游业低碳化研究的进展。其次，梳理和阐述了碳足迹的内涵、类型、核算标准、影响因素。最后，阐述碳足迹的计算方法。

一　滨海旅游业低碳化发展的概念体系及研究进展综述

滨海旅游业不仅是旅游业的重要组成部分，也是海洋经济的支柱产业。2001～2015 年，我国滨海旅游业始终保持良好发展态势，产业规模持续增大，滨海旅游业增加值占海洋生产总值比重超过 30%。

（一）滨海旅游业及其低碳化发展的概念和内涵

1. 滨海旅游业的概念和内涵

根据《海洋及相关产业分类》（中华人民共和国国家标

准 GB/T20794 – 2006），滨海旅游业是指沿海地区开展的海洋观光游览、休闲娱乐、度假住宿和体育运动等活动。滨海旅游业包括滨海旅游住宿、滨海旅游经营服务、滨海游览与娱乐、滨海旅游文化服务以及其他滨海旅游服务。

①滨海旅游住宿包括滨海旅游饭店、滨海旅馆、滨海特色旅馆。滨海旅游饭店是指按国家有关规定评定的或具有同等质量、水平的滨海旅游饭店活动，包括饭店、宾馆、酒店、疗养所、度假村等。滨海旅馆指不具备评定旅游饭店和同等水平饭店的滨海旅馆活动，包括各种旅馆、旅社、客栈等。滨海特色旅馆指为滨海游客提供的住宿服务活动，包括渔村家庭旅馆、滨海露营地、夏令营及其他临时住宿。

②滨海旅游经营服务包括滨海旅行社、其他滨海旅游经营服务。滨海旅行社指沿海地区旅行社提供的旅游服务。

③滨海游览与娱乐包括滨海公园管理、滨海风景名胜区管理、滨海宗教景区管理、海滨浴场服务、海洋游乐园服务、海上休闲娱乐健身服务、海洋动植物观赏服务、其他滨海游览与娱乐。滨海公园管理指沿海地区各类公园和旅游景点的管理服务活动。滨海风景名胜区管理指沿海地区各类风景名胜区的管理和服务活动，如古迹、遗址等。滨海宗教景区管理指沿海地区寺庙、清真寺、教堂的管理和服务活动，如妈祖庙。海滨浴场服务指海上游泳场所的服务活动。海洋游乐园服务指配有大型娱乐设施的海上游乐服务活动。海上休闲娱乐健身服务包括海上休闲垂钓、海上冲浪、滑水、海上游艇、海上帆船等休闲娱乐活动。海洋动植物观赏服务指沿海地区海洋动植物观赏服务活动，如海洋馆、水族馆和海底世界。

④滨海旅游文化服务包括海洋文物及文化保护、滨海博

物馆、滨海纪念馆、其他滨海旅游服务。海洋文物及文化保护指沿海地区具有历史、文化、艺术、科学价值，并经有关部门鉴定列入文物保护范围的不可移动文物的保护和服务活动，以及海洋民间艺术、民俗等海洋文化的保护和服务活动。滨海博物馆指沿海地区综合类博物馆、展览馆等服务活动，如海洋科技馆等。滨海纪念馆指沿海地区烈士陵园、纪念堂和烈士纪念馆的服务活动。

由以上滨海旅游业的概念和内涵可以看出，滨海旅游业在表现形式上主要体现为海洋观光游览、休闲娱乐、度假住宿、体育运动等活动。在布局范围上，滨海旅游业包括了发生在滨海地带和近海水域的所有与旅游、休闲以及游憩相关的活动。在具体构成要素上，滨海旅游包括了吃、住、行、游、购、娱六大要素。

2. 滨海旅游业低碳化发展的内涵

滨海旅游业低碳化发展是低碳旅游的一个重要组成部分，低碳旅游是在低碳经济的背景下提出的，被认为是低碳经济发展的重要领域。在全球推行低碳经济的大背景下，低碳旅游的概念应运而生。

低碳经济最先由英国提出。2003 年 2 月 24 日时任英国首相的布莱尔发表了题为《我们能源的未来：创建低碳经济》的白皮书，其中首次正式提出"低碳经济"的概念。[1] 尽管如此，但英国并没有对低碳经济的概念加以界定，也没有给出可以在国际上进行比较的指标体系。通常来说，对低碳的理解可以分为三种情况：第一种是温室气体排放的增长速度小于地

---

① Britain, G., *UK Energy Sector Indicators: A Supplement to the Energy White Paper "Our Energy Future: Creating A Low Carbon Econorny"*, Department of Trade and Industry, 2003.

区生产总值的增长速度；第二种是零排放；第三种是绝对排放量的减少。实现以上三种情况低碳发展的前提条件是经济正增长（地区生产总值增长率大于零）。

低碳旅游催生于低碳经济，也是低碳经济的重要应用领域。滨海旅游业低碳化发展所涉及的概念至少包括滨海低碳旅游、滨海低碳旅游者、滨海低碳旅游产品、低碳型滨海旅游景区、滨海低碳旅游目的地。①

（1）滨海低碳旅游

滨海低碳旅游是在沿海地区，在保证旅游者旅游经历满意的前提下，以更少的温室气体排放为主要目的，运用低碳技术、推行碳汇机制和倡导低碳旅游消费方式，通过人性化的制度，以实现更大的经济、社会、环境效益的一种可持续的滨海旅游业发展新方式，它是新型滨海旅游方式和管理理念。滨海低碳旅游实质上是低碳排放强度的新型滨海旅游方式。

（2）滨海低碳旅游者

滨海旅游业能在多大程度上实现低碳化发展，也要看旅游者能在多大程度上支持滨海低碳旅游。滨海低碳旅游者是指在滨海旅游活动中，坚持以零碳排放或低碳排放为标准，主动承担滨海旅游业节能减排的社会责任，选择能耗少、污染小的旅游方式的旅游者。

（3）滨海低碳旅游产品

滨海低碳旅游产品是能够满足滨海低碳旅游者消费需求的旅游产品，以能耗少、污染少为标准，主要由休闲体验型旅游项目、节能型住宿设施、环保型出游工具、轻便化装备

---

① 侯文亮、梁留科、司冬歌：《低碳旅游基本概念体系研究》，《安阳师范学院学报》2010年第2期。

等组成。

（4）低碳型滨海旅游景区

滨海旅游区是指具有参观游览、休闲度假、康乐健身等功能，具备相应旅游服务设施并提供相应旅游服务的独立管理区。该管理区应有统一的经营管理机构和明确的地域范围，包括滨海公园、滨海风景名胜区、滨海宗教景区、海滨浴场、海洋游乐园、海上休闲娱乐区、海洋动植物观赏、其他滨海游览与娱乐等各类滨海旅游区。

低碳型滨海旅游景区是以旅游吸引物为依托，采用低碳化的建设和经营方式，以满足旅游者参观游览、休闲度假、康乐健身等需求的独立空间区域。低碳型滨海旅游景区是在传统的滨海旅游景区基础上，在建设、改造与经营中加入低碳经济理论与低碳化的发展理念，利用各种新能源、新技术与新管理体制转变景区的发展模式，使景区从传统滨海旅游景区向低碳滨海旅游景区转变，从而实现滨海旅游景区的可持续发展。[①]

由低碳型滨海旅游景区的概念可以看出，低碳型滨海旅游景区至少具有三方面特征。第一，低能耗、低污染和低碳排放，这是低碳型滨海旅游景区必须具备的特征；第二，人性化的制度、能源技术创新与发展观念的转变，这是低碳型滨海旅游景区发展的必备条件；第三，滨海旅游景区发展的可持续性，这是低碳型滨海旅游景区建设的长远目标。

（5）滨海低碳旅游目的地

滨海低碳旅游目的地是指以低碳城市为依托，由低碳型滨海旅游景区组成，全面贯彻低碳旅游理念而创建的滨海旅

---

① 李德山：《论低碳型旅游景区的建设》，硕士学位论文，陕西师范大学，2010。

游目的地。低碳旅游目的地的创建和发展要从规划建设、发展战略、市场运营、外部营销等方面贯彻低碳化理念。

（6）滨海旅游业低碳化发展的概念体系中各概念要素间的关系

通过以上对滨海旅游业要素的概念阐述，可以厘清滨海旅游业基本概念之间的关系。滨海低碳旅游者是消费者群体，是低碳滨海旅游的基础。滨海低碳旅游者的有效需求催生滨海低碳旅游产品，滨海低碳旅游产品的大量开发进而加速低碳型滨海旅游景区的创建和升级。低碳型滨海旅游景区为满足低碳经济发展和低碳旅游消费的需求，将会产生集聚现象，逐渐形成滨海低碳旅游目的地。滨海旅游业低碳化发展的概念体系中所有概念要素从下至上数量规模依次减少，发展程度依次深化，逐步成熟。下位概念是上位概念的基础，上位概念是下位概念的发展目标与趋势，整个概念体系贯穿低碳理念，最终实现滨海旅游业的转型升级（见图1-1）。

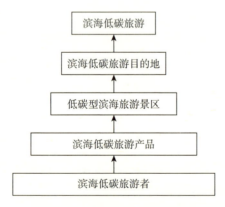

图1-1 低碳旅游概念体系

（二）国内外滨海旅游业低碳化发展研究的进展情况

在滨海旅游业低碳化研究方面，国内外侧重点不尽相同。

国外专门以滨海旅游业作为对象，研究其低碳化发展的文献主要体现在海岸旅游和海岛旅游的低碳化发展方面。近年来随着低碳经济成为经济转型发展的热点，国内对于滨海旅游业的低碳化研究逐步增加，主要是从沿海地级市尺度开展的旅游业低碳化的研究。此外，有关海岛旅游业的低碳化研究也逐步得到重视，成为滨海旅游业低碳化发展研究的一个重要组成部分。

1. 国外对滨海旅游业低碳化发展的研究

国外对滨海旅游业低碳化发展的研究主要集中在滨海旅游业能源需求与碳排放的结构与路径，滨海旅游业能源需求与碳排放的定量测算、预测及滨海旅游业节能减排措施方面。其中滨海旅游业能源需求与碳排放的定量测算是研究重点，滨海旅游业节能减排措施方面也有一些相关文献。此处对这两方面进行重点综述。

（1）滨海旅游业能源需求与碳排放的定量测算

测度旅游业碳排放是一个难点问题，但近 10 年来有关旅游业直接碳排放测度在多个空间尺度上取得了长足进展。具体到滨海旅游业碳排放的测度则集中于海岸带旅游和海岛旅游。

Konan 等测算了夏威夷州的碳排放，得到结论：“夏威夷州 22% 的碳排放来自旅游业。”[①] Becken 发表了多篇文章，系统而深入地对新西兰海岛的住宿部门、航空旅行、旅游吸引和活动、交通方式等与其旅游业相关的各方面的能源消耗和碳排放进行了探讨，并提出对国家旅游业碳排放的测算是实现旅游业可持续发展的关键环节。其中，Becken 等对新西兰住宿业的能源消耗进行了研究，发现：“住宿业最大的能

---

① Konan, D. E., Chan, H. L., "Greenhouse Gas Emissions in Hawai'i: Household and Visitor Expenditure Analysis," *Energy Economics*, 2010, 32 (1), pp. 210 – 219.

耗类型是饭店，其次是汽车旅馆，并且 75% 的能耗来自电力。"[1] Becken 定量化分析了新西兰航空旅客的总能耗和碳排放，结果表明："其中来自欧洲航空旅客的能耗和碳排放占总排放的一半，每年香港至新西兰的航空碳排放量约在 65 万吨以上。"[2] Becken 等分析了 2000 年新西兰冬季的商业部门能耗，得出："各类旅游吸引物和旅游活动的能耗情况。而且，选择不同目的地的碳排放差距较大。"[3] Becken 等研究了新西兰的旅游交通情况，发现："不同出行方式的能源消耗及碳排放差距较大，而且在旅游业总能耗量中旅游交通能耗量所占比重约为 65% ~ 73%，降低旅游业能源消耗应重点关注旅游交通方面。"[4] Beatriz 等基于 31 个饭店的电能消耗研究了巴利阿里群岛（Balearic Islands）的能耗和碳排放问题，发现："电能的消耗产生 81.6% 的碳排放。"[5] Kuo 等利用生命周期研究了澎湖岛不同类型的旅游活动的能耗和碳排放，结果表明："每位游客参加每次水上活动的碳排放量为 15300 克，而参观历史遗迹的碳排放量仅为 172 克。"[6] Howitt 等对新西兰

① Becken, S., Frampton, C., Simmons, D., "Energy Consumption Patterns in the Accommodation Sector: The New Zealand Case," *Ecological Economics*, 2001, 39 (3), pp. 371 – 386.

② Becken, S., "Analyzing International Tourist Flows to Estimate Energy Use Aassociated with Air Travel," *Journal Sustainable Tourism*, 2002, 10 (2), pp. 114 – 131.

③ Becken, S., Simmons, D. G., "Understanding Energy Consumption Patterns of Tourist Attractions and Activities in New Zealand," *Tourism Management*, 2002, 23 (4), pp. 343 – 354.

④ Becken, Susanne, Simmons, David G., Frampton, Chris., "Energy Use Associated with Different Travel Choices", *Tourism Management*, 2003, 24 (3), pp. 267 – 277.

⑤ Beatriz, R., Andreu, M., Antoni, C., et al., "Energy Use, CO2 Emissions and Waste Throughout the Life Cycle of A Sample of Hotels in the Balearic Islands," *Energy and Buildings*, 2010, 42 (4), pp. 547 – 558.

⑥ Kuo, N. W., Chen, P. H., "Quantifying Energy Use, Carbon Dioxide Emission, and Other Environmental Loads Fromisland Tourism Based on A Life Cycle Assessment Approach," *Journal of Cleaner Production*, 2009, 17 (15), pp. 1324 – 1330.

国际游轮旅游的碳排放进行了研究，结果表明："旅游者平均每千米游轮旅游的温室气体排放量达 390 克。"①

（2）预测及滨海旅游业节能减排措施

Smith 等对新西兰国际旅行中的航空碳排放引起的碳补偿问题进行了研究。② Oliver 等对 2005 年到访新西兰旅游的国外游客和本地居民出境旅游的碳排放量进行了估算，分别大约为 7893 千兆克和 3948 千兆克。同时提出了碳补偿措施，包括大力推广使用节能电灯、尽量使用风力发电，用地热发电的地区要提高地热发电的效率等五大具体的碳补偿措施。③ Bakhat 等运用时间序列模型，研究了西班牙巴利阿里群岛 1999 年 1 月到 2010 年 12 月的旅游活动，证明："征收交通燃油碳税对于旅游活动的影响不明显。"④

2. 国内对滨海旅游业低碳化发展的研究

国内旅游业低碳研究虽然滞后于农业、工业等传统产业部门，但随着旅游业低碳发展实际需求的增长，有关低碳旅游的研究内容也日益丰富，这主要涉及低碳旅游的概念⑤、低碳旅游发展模式⑥以及旅游的碳排放量评价⑦等方面。随着

① Howitt, O. J. A. et al., "Carbon Emissions from International Cruise Ship Passengers' Travel to and from New Zealand," *Energy Policy*, 2010, 38 (5), pp. 2552 – 2560.

② Smith, I. J., Rodger, C. J., "Carbon Emission Offsets for Aviation-Generated Emissions due to International Travelto and from New Zealand," *Energy Policy*, 2009, 37 (9), pp. 3438 – 3447.

③ Oliver, J. A. Howitt et al., "Carbon Emissions from International Cruise Ship Passengers' Travel to and from New Zealand," *Energy Policy*, 2010, 38 (5), pp. 2552 – 2560.

④ Bakhat, M., Rosselló, J., "Evaluating a Seasonal Fuel Tax in a Mass Tourism Destination: A Case Study for the Balearic Islands," *Energy Economics*, 2013, 38, pp. 12 – 18.

⑤ 王珏：《低碳旅游的内涵及可持续发展策略分析》，《城市地理》2016 年第 2 期。

⑥ 查建平：《低碳经济视角下中国旅游经济发展模式研究》，《旅游学刊》2015 年第 11 期。

⑦ 张婷、胡传东、张述林：《基于投入产出方法的中国旅游部门间接碳排放分解研究》，《重庆师范大学学报》2015 年第 4 期。

沿海开发的逐步深入，有关滨海旅游低碳转型发展的研究也已提上日程，成为学者关注的热点问题。滨海旅游业低碳化发展是低碳经济理念在滨海旅游业中的体现和应用，尽管很多研究成果的研究对象并未直接提出滨海旅游业，但由于研究的是沿海地级城市或海岛的旅游业，因此其实质就是滨海旅游业的低碳化发展研究。这方面的研究主要集中在三个方面，即低碳理念在滨海旅游业发展中的应用；滨海旅游业低碳化发展水平的测度和评价；滨海旅游业低碳化发展的模式研究。

有关低碳理念在滨海旅游发展中的应用方面，主要文献有王辉、蔡芳竹、张艳玲等。此方面文献主要是将低碳经济、低碳旅游的理论和分析方法框架应用到沿海地区的滨海旅游业的实践中。王辉等在对大连海岛旅游发展现状进行深入分析的基础上提出："大连海岛旅游业实现低碳化发展需要开展碳补偿活动、加强低碳基础设施建设、加强对旅游者的宣传教育等。"[1] 蔡芳竹、黄远水在对福建省滨海旅游资源进行分析的基础上，对福建省海岛低碳旅游的发展从政府、旅游企业和旅游者三个方面分别提出了建议。该文献认为："政府应加强对滨海旅游业中的旅游景区、旅游交通和旅游饭店等要素的管理，加强对旅游者的环境意识的培养和促进。"[2] 张艳玲等分析了海岛旅游实施低碳化发展的必要性，提出："打造海岛低碳旅游景区、建立清洁发展机制推进节能减排、提倡低碳旅游消费方式、做好海岛低碳旅游营销工作四

---

① 王辉、宋丽、郭玲玲：《低碳旅游在海岛旅游发展中的应用与探讨——以大连市海岛旅游为例》，《海洋开发与管理》2010 年第 5 期。

② 蔡芳竹、黄远水：《福建省旅游型海岛低碳旅游应用研究》，《现代商贸工业》2010 年第 22 期。

个方面的建议。"①

在滨海旅游低碳化发展水平的测度和评价方面，主要是从沿海地级市区域尺度开展了旅游业直接或间接碳排放、旅游交通碳排放、旅游过程碳排放的测算和评价，而对于沿海地区的滨海旅游低碳化发展的总体水平评价的文献较少。这方面的文献主要有肖建红、刘佳等。肖建红等运用旅游过程碳足迹模型，对舟山群岛旅游过程的碳排放进行了测算。结果显示："在舟山群岛旅游过程的六要素中，旅游交通碳足迹最大，其次是旅游住宿。在旅游交通碳足迹中，游客乘坐飞机产生的碳足迹最大。"② 肖建红、王敏对舟山普陀旅游金三角旅游业的二氧化碳排放量的区域差异性与减排效果进行了评估，结果表明："长三角地区、华中和华东地区等中短途客源地游客量尽管所占比例较大，但碳排放量所占比例较小。其他长途客源地游客量尽管所占比例较小，但其产生的碳排放量所占比例较大。长三角地区客源产生的人均碳排放量与其他地区相比也较少。长三角地区短途客源地游客以乘坐汽车为主，汽车交通碳排放量在旅游交通碳排放量中居主要地位。其他地区中长途客源地游客飞机交通碳排放量占比超过50%。研究显示，客源地市场与旅游目的地的距离（长途交通），是影响旅游业二氧化碳排放量的最关键因素。"③ 刘佳、赵金金在对青岛市旅游产业及各部门碳足迹状况进行量化测度的基础上，深入分析了青岛市旅游产业的碳排放现状与趋

---

① 张艳玲、李悦铮、曹威威：《基于低碳视角的我国海岛旅游发展初探》，《国土与自然资源研究》2012 年第 6 期。

② 肖建红、于爱芬、王敏：《旅游过程碳足迹评估——以舟山群岛为例》，《旅游科学》2011 年第 4 期。

③ 肖建红、王敏：《旅游业二氧化碳排放量区域差异性及减排效果评估——以舟山普陀旅游金三角为例》，《中国人口·资源与环境》2015 年第 11 期。

势，以及关键减排潜力领域。同时，从旅游业发展能力、低碳消费、低碳产出、低碳环境、低碳设施支撑、低碳政策六个方面，构建旅游业低碳化发展水平评价指标体系，对青岛市旅游业低碳化发展水平、特征及趋势进行系统评价和综合分析。进而提出符合青岛市旅游业低碳化发展实际的政策建议，包括："重点实施交通、住宿、餐饮等各类旅游业要素的低碳技术产业化，加快旅游景点的低碳示范化与标准化，加强旅游业低碳化发展规划的编制和实施，在旅游饭店、基础设施、旅游项目建设过程中运用节能环保高性能的建筑材料，不断扩大海洋能等可再生能源在旅游业发展中的应用。"①

在滨海旅游低碳化发展模式研究方面，主要是基于沿海区域滨海旅游业发展的现状，提出滨海旅游业低碳化发展的路径及产业要素的科学配置方式。这方面的文献包括于艳、汪宇明、刘丽娟、黄莹等对相关问题的研究。于艳对江苏省滨海旅游业低碳化发展的现状及存在问题进行了分析，提出了江苏省滨海旅游业实现低碳化发展的模式，具体包括："低碳旅游示范区模式、低碳旅游综合导向模式、碳补偿旅游模式以及低碳旅游环境教育模式。"② 汪宇明等基于崇明岛建设低碳旅游岛的基本条件，提出了旅游发展方式转型的低碳化模式，包括"低碳旅游发展的技术经济路径和机制体制创新两部分。低碳旅游发展的技术经济路径包括五个方面：优化生态旅游景区格局，形成'中心集聚、两极发展'的低碳旅游景区体系；营造低碳旅游体验环境；倡导低碳旅游消

---

① 刘佳、赵金金：《旅游产业低碳化发展水平评价与测度——以青岛市为例》，《经济管理》2012 年第 6 期。
② 于艳：《沿海开发背景下江苏滨海低碳旅游发展模式研究》，硕士学位论文，南京师范大学，2011。

费方式；发展低碳化的旅游接待设施；形成强大的低碳产业体系支撑。低碳旅游发展的机制体制创新包括：发挥政府主导作用；构建低碳旅游公共服务体系；提供政策激励和资金支持；强化低碳旅游发展的科技支撑"。① 刘丽娟阐述了秦皇岛低碳旅游发展的现状，进而从利益相关者的角度构建了秦皇岛发展低碳旅游三个方面的路径。一是主要社会层利益相关者。这方面包括旅游者低碳旅游意识的培养、旅游行为模式的规范以及提高旅游地居民低碳行动的参与度等。二是次要社会层利益相关者。这方面包括加大政府对低碳旅游的政策扶持力度、建立秦皇岛低碳旅游示范区、创新低碳旅游产品等。三是非社会层利益相关者。这方面包括重视旅游社会团体的作用以及加强科研院校、媒体、环保部门等支援部门在各自领域中对发展低碳旅游的作用。② 黄莹等认为："作为特殊的地理单元，海岛的资源禀赋约束决定了东澳岛有必要走节能降耗型的低碳旅游发展模式，并从能源供应、建筑交通、生态环境、旅游体验、宣传教育等方面分析东澳岛低碳旅游的发展途径，提出加强组织领导和统筹协调、建立健全温室气体核算管理体系、建立健全评价考核制度、完善低碳旅游发展的政策环境、加强低碳能力建设以及加强国际国内合作交流等。"③

3. 有关碳足迹的研究进展

（1）国外碳足迹的研究进展

国外对碳足迹的研究较为全面，包括碳足迹内涵、分

---

① 汪宇明、吴文佳、钱磊、蔡萌：《生态文明导向的旅游发展方式转型——基于崇明岛案例》，《旅游科学》2010 年第 4 期。

② 刘丽娟：《基于利益相关者低碳旅游发展路径构建——以秦皇岛为例》，《中国集体经济》2012 年第 36 期。

③ 黄莹、廖翠萍、赵黛青：《东澳岛低碳旅游发展途径及政策研究》，《科技管理研究》2014 年第 1 期。

类、区域碳足迹、家庭碳足迹、碳足迹标签等。

①碳足迹内涵

碳足迹最早出现于英国，并在学界、非政府组织和新闻媒体的推动下迅速发展起来。[①] 目前国外学界对碳足迹内涵尚未达成一致。当前对碳足迹的认识主要有三种观点。第一种是从化石燃料燃烧角度看，如英国石油公司（British Petroleum）认为："碳足迹是人们日常活动中 CO_2 排放量。"[②] 恩诺捷提科斯公司（Energetics）认为："碳足迹是由商业活动所产生的直接和间接的 CO_2 排放量。"[③] Grubb 和 Ellis 指出："碳足迹是化石燃料燃烧过程中 CO_2 排放量。对于商业企业而言，碳足迹是其经营产品所直接和间接的 CO_2 排放量。"[④] 第二种是从产品生命周期评价理论来看。如 Patel 认为："碳足迹是从物品生产、汽车运输、商务旅行到废物掩埋中所产生的 CO_2 当量物排放量。"[⑤] 碳信托组织（Carbon Trust）指出："碳足迹是某一产品在其生命周期内从原材料生产到制造到成品销售过程中（不包括使用过程）碳当量温室气体排放总量；一种测定活动或产品在供应链过程中所释放温室气体排放框架内温室气体排放量的技术。"[⑥] 英国议会科学与技术办公室（Parliamentary Office of Science and Technology in UK）认为：

---

① Weidema, B. P. et al., "Carbon Footprint-Acatalyst for Life Cycle Assessment?," *Journal of Industrial Ecology*, 2008, 12 (1), pp. 3 - 6.

② British Petroleum, "What is a Carbon Footprint?," http://bp.com/liveassets/bp_internet/global6p. 2009 - 07 - 30.

③ Energetics, "The Reality of Carbon Neutrality, London," http://energetics.com.au/file? node id =21228, 2007 - 07 - 30.

④ Grubb & Ellis, "Meeting the Carbon Challenge: The Role of Commercial Real Estate Owners," *Users & Managers, Chicago*, 2007.

⑤ Patel, J., "Green Sky Thinking," *Environment Business*, 2006, (122), p. 32.

⑥ Carbon Trust, "Carbon Footprint Measurement Methodology. Version 1.1.27," http://www.carbontrust.co.uk. 2009 - 07 - 30.

"碳足迹是一种产品生产过程在整个生命周期中所排放的 CO_2 和其他温室气体的总量。"[1] 第三种观点是从环境承载力的角度来看，如欧洲科技行动计划委员会（ETAP）认为："碳足迹是一种根据所产生温室气体的排放量来测算人类活动对环境产生的影响。"[2] 全球足迹网络（Global Footprint Network）认为："碳足迹是封存化石燃料燃烧后所排放的 CO_2 的生物能力需求物。另外，也认为碳足迹是生态足迹的一部分，碳足迹也可以被认为是化石燃料足迹，或 CO_2 封存区域或土地的需求量。"[3]

根据以上综述，碳足迹目前广泛被认同的是根据产品生命周期评价理论来认定碳足迹，认为碳足迹是某一产品或服务从原材料购买到生产、销售和作为废弃物处理后整个生命周期过程中所排放温室气体的总量。

②碳足迹分类

国外学者从不同角度对碳足迹进行了分类。

按照计算边界和范围不同，碳足迹可分为第一碳足迹和第二碳足迹。Tukker 和 Jansen 认为："碳足迹由两部分组成，一是燃烧的化石燃料所直接排放的 CO_2 量，包括能源消耗与交通（如汽车、飞机），称为直接或第一碳足迹；二是产品或服务在整个生命周期中所间接排放的 CO_2 量，包括产品或服务生产以及最终消失的相关过程，称为间接或第二碳足迹。"[4]

---

[1] POST, "Carbon Footprint of Electricity Generation," London: Parliamentary Office of Science and Technology No. 268 2006 – 10.

[2] ETAP, "The Carbon Trust Helps UK Businesses Reduce Their Environmental Impact, Press Release," http://www. eu/environment/etap/pdfs/jan07_carbon_ trust_initiative. pdf. 2009 – 07 – 30.

[3] Global Footprint Network, "Ecological Footprint Glossary," http://www. footprint network. org/gfn sub. php? content = glossary. 2009 – 07 – 30.

[4] Tukker, A., Jansen, B., "Environmental Impacts of Products: A Detailed Review of Studies," *Journal of Industrial Ecology*, 2006, 10 (3), pp. 159 – 182.

法鼓环保团体和法鼓大学认为："目前碳足迹的应用层面，可分成个人碳足迹、产品碳足迹、企业碳足迹、国家或城市碳足迹四大层面。个人碳足迹是针对每个人日常生活中的食、衣、住、行所导致的碳排放量加以估算的过程。产品碳足迹则是以单一产品制造、使用以及废弃阶段过程中，因燃料使用以及制造过程导致的温室气体排放量。企业碳足迹相较于产品碳足迹，还包括非生产性的活动，例如相关投资的碳排放量。国家或城市的碳足迹，着眼于整个国家的总物质与能源的消耗所产生的碳排放量，着眼于间接与直接、进口与出口所产生的碳排放量的差异分析，以检验此类碳足迹是否符合环境正义的原则。"[①]

③区域碳足迹

Schulz 认为："城市是小型的开放经济系统，其温室气体排放难以统一。城市的温室气体排放量的估算不仅是本地直接经济活动所产生的温室气体量，也应包括与该经济系统联系的上下游过程、进口和出口物品相关的间接的生命周期过程中的排放量。通过对新加坡温室气体排放量的研究发现，在进口货物中，本地直接的温室气体排放量仅占货物上游产生排放的 20%；贸易中直接与间接的温室气体排放量比本地直接排放量多约 40%。由此可见，城市经济系统的间接碳足迹占很大的比重，在核算时也应该包括进来。"[②]

Brown Southworth 和 Sarzynski 从地理学角度分析美国主要

---

① Baldo, G. L., Marino, M., Montani, M., et al., "The Carbon Footprint Measurement Toolkit for the EU Ecolabel," *International Journal of Life Cycle Assessment*, 2009, 14 (7), pp. 591 – 596.

② Schulz House, N. B., "Delving into Carbon Footprints of Singapore: Comparing Direct and Indirect Green-gas Emissions of A Small and Open Economic System," *Energy Policy*, 2010, 38 (9), pp. 4848 – 4855.

大都市碳足迹的分布规律，得出："大都市区域与非都市区域相比，能源与碳利用效率更高；都市区域之间单位 GDP 的碳排放差异巨大；都市发展模式和道路运输对碳排放贡献很大；其他因素，如天气、发电所使用的燃料、电力价格对碳排放也有重要影响。尽管都市区域碳排放差异的主要原因能够被解释，可其对当地政府与政策产生的影响却难以发现。"[1]

④家庭生活碳足迹

Weber 和 Matthews 以美国家庭为例，分析得出："美国家庭在 2004 年 CO_2 排放量的 30% 出现在国外，而且家庭对其 CO_2 排放指示物上有巨大差异，家庭收入和花费是最好的家庭 CO_2 排放指示物。另外，也建议根据家庭收入的差异在一定标准上征收碳税。"[2]

Druckman 和 Jackson 研究指出："2004 年英国家庭 CO_2 排放量比 1990 年高出 15%，而在 20 世纪 90 年代初期由于英国家庭能源结构的转变，家庭能源消耗与 CO_2 排放出现脱钩现象。另外，进一步分析英国社会各个层次结构的差异，发现 CO_2 排放量最多的家庭比最低的家庭多排放达 64%。"[3]

⑤碳足迹标签制度研究

在碳足迹标签制度建设上，目前英国、日本、韩国、德

[1] Brown, M. A., Southworth, F., Sarzynski, A., "The Geography of Metropolitan Carbon Footprints," *Policy and Society*, 2009, 27 (4), pp. 285 – 304.

[2] Weber, C. L., Matthews, H. S., "Quantifying the Global and Distributional Aspects of American Household Footprint," *Ecological Economics*, 2008, 66 (2), pp. 379 – 391.

[3] Druckman, A., Jackson, T., "The Carbon Footprint of UK Households 1990 – 2004: A Socio-Economically Disaggregated, Quasi-Multi-Regional Input-Output Model," *Ecological Economics*, 2009, 68 (7), pp. 2066 – 2077.

国、泰国和美国等众多国家和地区都在积极研究与制定相关政策指南，以指导本国或地区产品的碳足迹量或可持续发展。[①]

英国国家标准局（BSI）已制定完成温室气体排放的计算方法 PAS 2050，并开始试用实施。碳信托公司与 Pepsi，Coca Cola，Tesco，Danone，Kimberly Clark 等跨国大公司合作，已对 2500 多种商品标示碳足迹。碳减排标示要求企业提出减量承诺，也强调与传统产品比较时所减少的排放量。日本经济产业省在 2008 年 4 月成立推动委员会，30 家厂商 62 种产品参与碳足迹标示的研究工作。2009 年 4 月正式推出碳标章，在同年 6 月公布《碳足迹计算规范》与《产品类别规则（PCR）的制定标准》。韩国政府委托韩国环境产业技术院（KEITI）负责推动碳标签制度的实施。目前，已对 16 家公司三类 PCR 37 件产品进行了验证，另外，韩国政府结合 Lotto-Mart，TESCO 和 E-Mart 三大零售商店系统进行推广活动，并于 2010 年推出了低碳标签试行计划。德国的产品碳足迹试行计划由 WWF，Oko-Institute，PIK 及 Themal 共同完成，已对 10 家公司 15 件产品进行了验证。在泰国，由政府支持的泰国温室气体管理组织于 2008 年 8 月规划推动，26 家制造商参与验证，于 2009 年 11 月推出了首批碳足迹标签。

目前，碳足迹标签主要有两类，一类是碳足迹绝对值的标示，如日本、韩国要求厂商进行完整的生命周期碳排放量盘查并将总量标示于产品或包装。另一类是碳足迹减量相对值的标示，如英国碳信托公司的碳减量标章，除标明碳排放

---

① 台湾"行政院国家永续发展委员会秘书处"：《碳足迹标示及碳标章建置规划（草案）》，2009。

量，也要求厂商提出减量承诺，标签强调与传统产品比较时所减少的碳排放量。

（2）国内碳足迹的研究进展

国内对碳足迹的研究尚处于初级阶段，但目前国内已有一些有关旅游业碳足迹度量的研究成果。

杜鹏、杨蕾基于自下而上的视角，并结合旅游终端消费的特征，首次引入时空差异因子，构建了具有良好开放性的区域旅游碳足迹测算概念模型。测算表明："2012年我国旅游碳足迹总量约为 33.4×10^9 千克，约占全国碳足迹总量的 0.387% ，低于国际平均水平。"[①] 杜鹏、杨蕾构建了区域旅游交通碳足迹测算模型，并进行了实证研究和空间分析。结果表明："2011年我国旅游交通碳足迹总量约为 132.1×10^8 千克，各省区市碳足迹结构特征差异明显。"[②] 姜东辉、靳雪构建了旅游业碳足迹的综合模型和行业模型，研究了山东省碳足迹总量以及各旅游部门的碳足迹。综合模型测算了山东省2000～2013年的旅游碳足迹，测算结果得到山东省旅游业碳足迹总量逐年增加。运用行业模型分析了山东省旅游六大部门的碳足迹，2013年山东省旅游碳足迹的总量是637.70万吨，其中交通碳足迹占总量的 61.40% 。根据以上结论，提出山东省旅游节能减排的主要方向是减少旅游交通碳足迹，并从政府、旅行社、游客三方面提出了旅游碳减排路径。[③]鉴英苗等构建了计算旅游者旅游过程碳足迹的模型，并对海

---

① 杜鹏、杨蕾：《基于终端消费的旅游碳足迹测算与低碳旅游发展策略研究》，《生态经济》2016年第3期。

② 杜鹏、杨蕾：《中国旅游交通碳足迹特征分析与低碳出行策略研究》，《生态经济》2015年第2期。

③ 姜东辉、靳雪：《基于终端消费的山东省旅游碳足迹研究》，《中国人口·资源与环境》2015年第6期。

南环东线旅游路线进行了实证。结果表明：海南环东线三天两晚旅游路线的旅游活动过程中人日均碳排放量较高，为全国人日均碳排放量的 6.8 倍。旅游线路产品的碳足迹主要集中在交通、饮食与住宿三方面，占总碳足迹的近 98%；其中以交通碳足迹所占比重最大，为 76.784%；饮食与住宿碳足迹分别占 13.024%、8.078%；旅游活动中游客的废弃物碳足迹占总碳足迹的 2.066%。游、购、娱三项构成因子在总碳足迹中所占的比例均不足 1%。[①]

二 碳足迹理论体系研究

(一) 碳足迹的内涵

目前，碳足迹（Carbon Footprint）的内涵仍未统一，各国学者对碳足迹都有各自不尽相同的认识和理解。国外学术界对碳足迹概念的研究主要集中在 2007 年到 2009 年之间。

Wiedmann 和 Minx 提出："碳足迹既是某一产品或服务系统在其全生命周期所排放的 CO_2 总量，也是某一活动过程中所直接和间接排放的 CO_2 总量，活动主体包括个人、组织、政府以及工业部门等。"[②] 碳信托公司提出："碳足迹是衡量某一种产品在其全生命周期中（原材料开采、加工、废弃产品的处理）所排放的 CO_2 以及其他温室气体转化的 CO_2 等价物。"[③] ETAP 认为："碳足迹是指人类活动过程中所排放的温室气体

---

① 鉴英苗、罗艳菊、毕华、黄宇、赵志忠、王鹏：《海南环东线旅游路线碳足迹计算与分析》，《海南师范大学学报》（自然科学版）2012 年第 3 期。

② Wiedmann, T., Minx, J., "A Definition of Carbon Footprint," *Eodogical. Economics Researoh Trends*, 2008, (1), pp. 1 - 11.

③ Carbon Trust, "Carbon Footprint Measurement Methodology," Version 1.1, 2007.

转化的 CO_2 等价物，来衡量人类对地球环境的影响。"[1] Grubb 和 Eills 认为："碳足迹是指化石燃料燃烧时所释放的 CO_2 总量。"[2] Matthews 等提出："碳足迹是商品或服务在生产、运输、使用、处置的整个生命周期内排放的温室气体总量。"[3] Druckman 等提出："碳足迹是由某一活动直接或间接导致的 CO_2 排放总量，或是某一产品在整个生命周期内累积的 CO_2 排放总量。"[4] Edwards-Jones 等提出："碳足迹是在商品的生产、加工、销售及使用过程中排放的温室气体总量。"[5] Larsen 等提出，某一地理边界内消费的商品和服务在生产、消费整个生命周期中排放的温室气体总量，而不管这些气体是产生在地理边界内或边界外。[6]

随着我国低碳经济的逐步深入，国内学者对碳足迹也都进行了深入研究，论述丰富。单力、阿柱认为："碳足迹是一种新的用来测量某个公司、家庭或个人因每日消耗能源而产生的 CO_2 排放对环境影响的指标。"[7] 高爱舫认为："碳足

① ETAP, "The Carbon Trust Helps UK Businesses Reduce Their Environmental Impact," 2007.

② Grubb & Eills, "Meeting the Carbon Challenge: The Role of Commercial Real Estate Owners," *Users & Managers*, *Chicago*, 2007.

③ Matthews, H. S., Hendrickson, C. T., Weber, C. L., "The Importance of Carbon footprint Estimation Boundaries," *Environmental Science & Technology*, 2008, 42 (16), pp. 5839 – 5842.

④ Druckman, A., Jackson, T., "The Carbon Footprint of UK Households 1990 – 2004: Asocio-Economically Disaggregated, Quasi-Multi-Regional Input-Output Model," *Ecological Economics*, 2009, 68 (7), pp. 2066 – 2077.

⑤ Edwards-Jones, G., Plassmann, K., York, E. H., et al., "Vulnerability of Exporting Nations to The Development of A Carbon Label in The United Kingdom," *Environmental Science & Policy*, 2009 12 (4), pp. 479 – 490.

⑥ Larsen, H. N., Hertwich, E. G., "The Case for Consumption-Based Accounting of Greenhouse Gas Emissions to Promote Local Climate Action," *Environmental Science & Policy*, 2009, 12 (7), pp. 791 – 798.

⑦ 单力、阿柱：《计算你的碳足迹》，《环境》2007 年第 8 期。

迹是用来评价个人的能源意识和行为给自然环境造成了什么样的影响，其目的是倡导一种责任理念，以使人们对自己日常的碳耗用量有所了解。"[1] 叶祖达认为："城市碳足迹是计量城市经济、社会、环境体系在一段时间内的 GHG 排放总量，并指出碳足迹不仅仅只计算 CO_2，而是把 CO_2、CH_4、N_2O、PFCs、HFCs、FS6 这 6 类 GHG 都包含在内。"[2] 耿涌等给出的碳足迹的定义为："一项活动、一个产品或服务的整个生命周期，或者某一地理范围内直接和间接产生的二氧化碳排放量。"[3] 李风琴等认为："碳足迹是一种衡量人类活动对环境影响，特别是对气候变化影响的测量标准，它以 CO_2 为等价物，以吨为单位，是一种测量能源消耗产生碳排放对环境影响的指标。"[4] 周常春等认为："碳足迹是一种用来测量某种产品、某个家庭、某个人或某项活动因每日进行能源消耗而产生的 CO_2 排放量对环境影响的指标。"[5]

　　基于诸多文献中对碳足迹内涵和本质特征的认识，本研究可认为碳足迹是指个体、家庭、团体（公司）或产品（装置）在其整个生命周期中所释放的温室气体总量，即碳耗用量，它是用来测量因每日能耗所产生的 CO_2 对环境影响的指标。石油、煤炭、木材等是由碳元素构成的自然资源，碳耗

---

① 高爱舫：《绿色奥运聚焦之二：碳足迹——标记绿色奥运之路》，《环境教育》2008 年第 2 期。

② 叶祖达：《碳排放量评估方法在低碳城市规划之应用》，《现代城市研究》2009 年第 11 期。

③ 耿涌、董会娟、郗凤明等：《应对气候变化的碳足迹研究综述》，《中国人口·资源与环境》2010 年第 10 期。

④ 李风琴、李江风、胡晓晶：《鄂西生态文化旅游圈碳足迹测算与碳效用研究》，《安徽农业科学》2010 年第 29 期。

⑤ 周常春、袁茜、车震宇：《低碳旅游与旅游碳足迹探讨》，《未来与发展》2011 年第 8 期。

用得越多，导致地球暖化的元凶二氧化碳也制造得越多，碳足迹就越大；反之，碳足迹就越小。[1]

（二）碳足迹的类型

碳足迹按照不同分类标准可分为不同类型。按产生方式分可分为两种，即第一碳足迹和第二碳足迹。从碳足迹的尺度来分，可分为个人或家庭碳足迹、产品或服务碳足迹、企业碳足迹、产业碳足迹和国家碳足迹。

1. 按产生方式分类

碳足迹按照产生方式可分为两种，即第一碳足迹和第二碳足迹。[2]

第一碳足迹（The Primary Carbon Footprint），也称直接碳足迹，是指生产生活中直接使用化石能源排放的 CO_2（等价物）的量，需直接加以控制。如飞机是最大的碳排放制造者，一个经常坐飞机出行的人会有较多的第一碳足迹，因为飞机飞行会耗大量燃油，排出大量 CO_2。

第二碳足迹（The Secondary Carbon Footprint），也称间接碳足迹，是指消费者使用各类产（商）品或某项服务时在生产、制造、使用、运输、维修、回收与销毁等整个生命周期内，释放出的 CO_2（等价物）总量，即间接排放的 CO_2。如消费一瓶普通瓶装水，会因其生产和运输过程中产生的 CO_2 而带来第二碳足迹；制造企业在其供应链（采购、生产、仓储和运输）中，仓储和运输会产生大量 CO_2，即第二碳足迹。

---

① 李万刚、苏婷：《量量你的"碳足迹"》，《科技新时代》2009 年第 4 期。

② 罗运阔、周亮梅、朱美英：《碳足迹解析》，《江西农业大学学报》（社会科学版）2010 年第 2 期。

2. 按碳足迹的尺度划分

从尺度来划分，碳足迹可分为个人碳足迹、产品碳足迹、企业碳足迹、产业碳足迹和国家碳足迹。

（1）个人碳足迹

个人碳足迹是针对每个人日常生活中的衣、食、住、行所导致的碳排放量加以估算的过程。目前国际上的估算方法主要有两种：由上而下（Top-Down）与由下而上（Bottom-Up）。由上而下是以住户收支调查为基础，辅以环境投入产出分析，计算出一国中各家庭或各收入阶层碳足迹的平均概况。而由下而上则是利用碳足迹计算器，依个人日常生活中实际消费、交通形态为估算依据。目前国外代表性的碳足迹计算器有英国的 Defra[①] 和美国加州环保署所发布的 CO_2 计算器[②]。英国的 Defra 可以根据个人所使用的各类能源消耗设备核算出个人的 CO_2 排放量。美国加州环保署的碳足迹计算器则应用了生命周期评价法，是较为全面的碳足迹计算器。我国一些网站也公布了碳足迹计算器，可以计算个人的碳足迹量。[③]

（2）产品碳足迹

产品碳足迹是指以产品制造、使用及废弃阶段，全生命周期过程中产生的温室效应气体（GHG）排放量。产品碳足迹的计算方法全球有若干种，但至今为止运用较为普遍的是2008 年年底英国标准协会、碳基金和英国环境、食品与农村事务部联合发布的新标准 PAS 2050《产品与服务生命周期：

---

① DEFRA, http://campaigns.direct.gov.uk/actonco2/home.html.

② http://www.coolcalifornia.org/chinese/calculator.html.

③ 北京碳汇网, http://www.bcs.gov.cn/CC/Index? pid = 2b7163c8 - c899 - 4570 - 9908 - 3a4a11af9186。

温室气体排放评估规范》。该标准用于计算产品和服务在整个生命周期内的 GHG 排放量，其宗旨就是帮助企业掌握其生产的产品对气候变化的影响，在产品设计、生产、销售等环节中寻求降低碳排放的机会，最终开发出碳足迹量更小的产品。运用 PAS 2050，全球已有多家企业进行了产品碳足迹评价，产品数量多达 70 种。

（3）企业碳足迹

企业碳足迹是指在企业范围内产生的直接和间接的 CO_2 排放量。对企业进行相应的碳足迹评估有助于企业量化并深入了解生产、经营活动对气候变化造成的影响，同时采取有效措施以减少整个生产中的碳排放。国内外的机构对企业的碳足迹评估已进行了大量的研究。如新西兰最大的乳品企业恒天然（Fonterra）委托第三方研究机构运用生命周期法对其碳足迹进行了测算和评估。[①] 金光纸业（中国）投资有限公司邀请世界领先的第三方环境评估机构 Camco 完成了该集团的碳足迹评估项目，成为国内首家制浆、造纸行业中对企业进行大规模碳排放全面评估的企业。该次碳足迹评估为金光纸业（中国）制定明确的碳排放基准线和长期的节能减碳管理措施奠定了基础。[②] 刘韵等基于碳足迹评估核算的理论，采用全生命周期法，自下而上，对山西省吕梁市某燃煤电厂碳足迹进行分析评估，得到："企业全生命周期中的碳足迹分布，发现电力企业的碳减排潜力主要在锅炉燃煤和煤炭开采，但在运输、尾气脱硫等部分的碳排

① Lundie, S., Schulz, M., Peters, Q., et al., "Carbon Footprint Measurement: Methodology Report," Centre for Water and Waste Technology University of NSW in co-operation with Scion and AgResearch for Fonterra Cooperative Group Limited, 2009.

② 王亚英：《金光纸业完成"碳足迹"评估项目》，《国际商报》2009 年第 3 期。

放绝对量也是不可忽视的，电力企业在节能减排时应全面统筹，有的放矢。"[1]

（4）产业碳足迹

产业碳足迹研究主要集中在林业、农业、能源行业、供水、交通、医疗等方面。

国外学者对能源行业的碳足迹进行了研究。Johnson 研究对比了液化石油气和电力的碳足迹，得到二者的碳足迹几乎相同，但在某些实际情况中液化石油气的碳足迹要小于电力碳足迹。[2]

国内学者对产业碳足迹进行了多方面的研究。侯玉梅等通过分析钢铁生产过程的碳足迹，将钢铁生产中产生碳排放过程分为化石能源的燃烧、化学反应和电力消耗三部分，并用 IPCC 指南中的方法对此三部分的碳排放进行了计算，得出："钢铁产业二氧化碳排放量最多的环节是燃料的燃烧，而在燃烧的能源中，煤炭类能源占绝大多数。2004 ~ 2008 年，吨钢的二氧化碳排放量呈现降低趋势。"[3] 罗希等通过构建交通运输业的碳足迹测算模型，对 2004 ~ 2008 年我国交通运输业能源消费碳足迹进行测算。结果表明："我国交通运输业能源消费碳足迹总量保持增长趋势，从 2004 年的 37025.34 万吨上升到 2008 年的 48849.43 万吨，年均增长 7.17%。其中 5 年来终端能源消费产生的直接碳足迹占 89.06%。不同能源消费碳足迹中柴油消费碳足迹所占比例最大，为 46.65%；其次是

---

[1] 刘韵、师华定、曾贤刚：《基于全生命周期评价的电力企业碳足迹评估——以山西省吕梁市某燃煤电厂为例》，《资源科学》2011 年第 4 期。

[2] Johnson, E., "Disagreement over Carbon Footprints: A Comparison of Electric and lpg Forklifts," *Energy Policy*, 2008, 36 (4), pp. 1569 – 1573.

[3] 侯玉梅、梁聪智、田歆等：《我国钢铁行业碳足迹及相关减排对策研究》，《生态经济》2012 年第 12 期。

汽油消费碳足迹，占 17.85%，二者均呈逐年上升趋势。"[1]

（5）国家碳足迹

国家碳足迹研究是指整个国家在一定时期的总物质与能源的耗用所产生的温室气体排放量。国际气候谈判以国家为基本单位，国家碳足迹着眼于整个国家间接与直接、进口与出口所造成排放量的差异分析，以检验此类碳足迹是否符合环境正义的原则。

国家碳足迹的研究内容主要集中在进出口贸易等方面。Herrmann 等运用投入产出表，对发达国家和发展中国家双边贸易的碳足迹进行了测算，得出结论："目前全世界工业生产由发达国家向发展中国家转移是必然趋势。"[2] Schulz 探讨了小国开放经济体的直接碳足迹和间接碳足迹的估算问题，并对新加坡进行了实证研究。[3] 有关国家碳足迹的研究尽管所采用的工具和方法有所不同，但都得出了一个较为共同的结论，即发达国家产生的碳足迹往往大于其本国国土面积内的碳足迹，而多余部分往往来自发展中国家。

匡新瑞、武戈运用投入产出模型，将我国进出口贸易发展与国内外产生的直接和间接 CO_2 排放相联系，分析了我国进出口贸易发展对 CO_2 排放的影响。结果显示："我国纺织服装制造业、电气机械及器材制造业、电子通信设备制造业、仪器及办公用品制造业以及交通运输业等行业是主要 CO_2 出口行业，

---

[1]　罗希、张绍良、卞晓红等：《我国交通运输业碳足迹测算》，《江苏大学学报》（自然科学版）2012 年第 1 期。

[2]　Herrmann, I. T., Hauschild, M. Z., "Effects of Globalisation on Carbon Footprints of Products," *CIRP Annals-Manufacturing Technology*, 2009, 58 (1), pp. 13 – 16.

[3]　Schulz, N. B., "Delving into The Carbon Footprints of Singapore-Comparing Direct and Indirect Greenhouse Gas Emissions of A Small and Open Economic System," *Energy Policy*, 2010, 38 (9), pp. 4848 – 4855.

而 CO_2 进口行业主要集中在能源及非能源采选业、造纸印刷业、石油加工及炼焦业、化学原料及制品制造业、金属冶炼及加工制造业等。"① 孙建卫等结合 IPCC 的清单方法对中国历年碳排放进行了核算，以区域投入产出分析为基础，对我国直接或间接碳排放量进行了分析。得到结论："中国的碳排放足迹大部分源于国内最终使用的排放。从碳足迹类型上看，中国属于碳排放净输出国。贸易额增长对碳足迹的增长有很大的促进作用。制造业、电力、热力行业与农业的碳排放足迹占到了总碳排放足迹的 80% 以上，是对碳排放依赖程度较大的产业部门。"②

（三）碳足迹的核算标准

自 20 世纪 90 年代末至今，有关碳足迹的规范不断推出，世界可持续发展工商理事会（WBCSD）、世界资源研究所（WRI）、国际标准化组织（ISO）、英国标准协会（BSI）、美国国家标准学会（ANSI）、中国标准化研究院都积极开展低碳认证标准的制定工作，形成了一系列可操作的低碳认证规范和标准，其涵盖了个人、产品、企业和国家等各个层面。其中，一些碳排放的核算标准，如 PAS 2050、ISO 14067、GHG Protocl 等，得到广泛应用，为促进全球碳减排起到了巨大的推动作用。

1. 产品碳足迹核算标准

产品碳足迹核算标准都是以生命周期评价（LCA）为方法

---

① 匡新瑞、武戈：《基于投入产出表的我国进出口贸易中 CO_2 排放分析》，《生态经济》2009 年第 1 期。
② 孙建卫、陈志刚、赵荣钦、黄贤金、赖力：《基于投入产出分析的中国碳排放足迹研究》，《中国人口·资源与环境》2010 年第 5 期。

论基础，对产品的全生命周期（产品的原料开采、制造，以及最终废弃物处理阶段）的碳足迹进行评价。2006 年，国际标准化组织（ISO）发布了产品碳足迹核算标准 ISO 14040/14044，自此之后产品碳足迹核算标准相应地快速发展。2008年，碳信托公司与英国环境、食品和乡村事务部（Defra）联合发起，英国标准协会（BSI）发布了《PAS 2050：2008 商品和服务在生命周期内的温室气体排放评价规范》。2009 年，日本发布了产品碳足迹的技术规范——TSQ 0010。2013 年，国际标准化组织（ISO）又正式发布了 ISO 14067。其中，PAS 2050运用比较广泛。

（1）《PAS 2050：2008 商品和服务在生命周期内的温室气体排放评价规范》（简称《PAS 2050》）

《PAS 2050》依据产品区分要求设定评估目标及选择评估产品对象，在相关性、完整性、一致性、准确性、透明性五个原则基础上，通过调研、沟通、盘查、数据搜集后，确定评估涵盖的计算边界内的排放量，专门针对产品和服务的碳足迹进行评价。该规范的宗旨是帮助企业在管理自身生产过程中所形成的温室气体排放量的同时，寻找在产品设计、生产和供应等过程中降低温室气体排放的机会。它将帮助企业降低产品或服务的二氧化碳排放量，最终开发出更小碳足迹的产品。

《PAS 2050》不仅可以给企业和组织带来良好的效益，并且企业对其产品碳足迹的通报使消费者得到对消费产品的碳足迹。对于各公司，该规范可提供：对产品生命周期内的GHG 排放开展内部评估；在对产品 GHG 排放产生影响的基础上，对可替代产品的配置、经营选择和资源选择等做出评价；作为测量和通报减排量的一项基准；通过采用一个通用的、公认的和标准化的方法，为比较各产品的 GHG 排放提供支持；支持企业责任报告。对于客户，该规范可提供：对报告的各类产品在其生命周期内 GHG 排放所依据的某个标准化的、准确的方法的可信度；更好的理解其购买决定如何影响 GHG 的排放。[①]

（2）ISO 14067 标准

国际标准化组织（ISO）在 2013 年正式发布了 ISO 14067，该标准主要涉及的温室气体除了包括《京都议定书》规定的二氧化碳（CO_2）、甲烷（CH_4）、氧化亚氮（N2O）、六氟化硫（SF6）、全氟碳化物（PFCs）以及氢氟碳化物（HFCs）外，也包含《蒙特利尔议定书》中管制的气体等，共 63 种气体。该标准主要包括两大部分，ISO 14067 - 1：Quantification 量化/计算；ISO 14067 - 2：Communication 沟通/标识。

2. 组织机构/企业碳足迹核算标准

组织碳足迹评价标准主要有世界资源研究所（WRI）和世界可持续发展工商理事会（WBCSD）发布的 GHG Protocol 系列标准和 ISO 14064 系列标准。

（1）GHG Protocol 标准

GHG Protocol 是世界资源研究所（WRI）和世界可持续发展工商理事会（WBCSD）于 2004 年共同创建的一个权威的、有影响力的温室气体排放核算项目，全称为《温室气体盘查议定书（GHG Protocol）》。GHG Protocol 由《温室气体议定书企业核算与报告准则》和《温室气体议定书姓名量化准则》组成。GHG Protocol 已成为国际政府及企业最广泛应

---

① 《PAS 2050：2008 商品和服务在生命周期内的温室气体排放评价规范》，Cabon Trust & Defra，British Standard Institution（BSI）。

用的碳足迹量化及管理的工具，其主要贡献在于将温室气体排放分为 3 种不同排放方式，即直接排放、间接排放和其他方式排放，避免了温室气体核算过程中的重复问题。

（2）ISO 14064 - 2006 标准

ISO 14064 - 2006 由 45 个国家和 19 个组织的 175 位国际专家通过 8 次会议共同完成，并于 2006 年 3 月正式颁布。这是环境管理国际标准 ISO 14000 的系列标准之一。ISO 14064 标准向政府机构、工商企业和其他组织提供了一整套用于测量、量化和消减温室气体排放的工具。2006 年 8 月，美国国家标准学会（ANSI）批准 ISO 14064 标准正式成为美国国家标准。ISO 14064 包含三个标准（见表 1 - 1），分别为组织和企业详细设定了规范和指导。它们可以分别使用，或作为一个整体来满足温室气体描述与认证的不同需求。

表 1 - 1　ISO 14064 标准的组成部分

标准编号	标准名称	功能和内容
ISO 14064 - 1：2006	《组织的温室气体排放和消减的量化、监测和报告规范》	详细说明企业或组织中的 GHG 清单的设计、制定和报告的原则。其中包括 GHG 排放边界确定、GHG 的排放量化以及相关内容
ISO 14064 - 2：2006	《项目的温室气体排放和消减的量化、监测和报告规范》	针对目标是降低 GHG 排放和努力清除 GHG 的项目，给出了项目的基准线情景，还给出了对照基准线情景进行量化、报告和监测的原则，并指出了 GHG 项目核查与审定的基础
ISO 14064 - 3：2006	《温室气体声明验证和确认指导规范》	给出 GHG 项目审定和 GHG 排放清单的核查原则，说明了 GHG 的核查与审定的过程，也规定了具体内容

实施 ISO 14064 标准能达到四个方面的益处：一是促进

温室气体的量化、监测、报告和验证来促进信息的一致性、透明性和可信性；二是授权组织来确认和管理温室气体相关责任、资产和风险；三是促进温室气体排放的许可和信用交易；四是使温室气体减排计划的设计、开发和实施能够比较一致。

3. 国家碳足迹核算标准

全世界仅有英国、日本等少数国家制定并发布了本国的碳足迹核算标准，其他国家基本上是使用国际通用标准来进行碳足迹的核算以及发布碳足迹信息。

英国于 2008 年颁布了《气候变化法案》，其中规定了具有法律效力的全国性减碳目标。其目标为：以 1990 年为基准，到 2020 年至少要减少 20%，2050 年温室气体排放至少要减少 80%。现在，英国的中期目标已从 20% 改为 34%。《气候变化法案》提出的碳预算体系要求，以 5 年作为一个减排周期，每个周期要做 3 个预算，以设定英国到 2050 年时的减排路线。2008 年发布的《PAS 2050：2008 商品与服务生命周期内的温室气体排放评价规范》是英国第一部统一的产品和服务的碳足迹核算标准，也是目前全世界在产品碳足迹计算方面使用最广的标准。

日本内阁于 2008 年 7 月出台《建设低碳社会行动计划》，其中明确提出了产品碳足迹的核算工作，包括产品和服务在整个生命周期中的温室气体排放的量化、标识和评估。2009 年 4 月日本公布产品碳足迹的评估技术规范 TSQ 0010，该规范详细阐述了其适用范围、引用标准及产品碳足迹的量化方法。

美国 2009 年 6 月通过了旨在降低温室气体排放、减少对外国石油依赖和建立能源节约型经济的《清洁能源安全法案》，这是美国历史上第一次以法案的形式限制其国内温室气体排放。该法案规定：以 2005 年的碳排放水平为基础，到 2020 年消减 17%，到 2050 年消减 83%。同时，该法案还包括了有关"碳关税"的条款，即美国有权对来自不实施碳减排限额国家的进口产品征收碳关税。该法案从 2020 年开始实施，包括中国在内的众多发展中国家将为此支付巨额碳关税。

中国台湾环保署 2010 年 7 月公布了《碳足迹产品类别规则订定指引》，以使计算碳足迹排放量时各类产品能有比较的基准，其内容主要以 PAS 2050 为基础。

（四） 碳足迹的影响因素

20 世纪 90 年代，美国经济学家 Grossman 等人通过研究 42 个国家的经济增长与环境质量之间的关系，发现经济增长与环境质量呈倒 U 形曲线——环境库兹涅茨曲线（EKC）关系（见图 1 - 2）。他们从经济增长影响环境质量的三条作用渠道来解释环境库兹涅茨曲线（EKC）：经济发展意味着更大规模的经济活动与资源需求量，因而对环境产生负的规模效应，但同时经济发展又通过正的技术进步效应（例如更为环保的新技术的使用）以及结构效应（例如产业结构的升级与优化）减少污染排放、改善环境质量。因此，这三类效应共同决定了经济发展与环境质量之间的这一倒 U 形曲线关系。[1] 但除了经济发展之外，许多其他社会因素也会影响碳排放。

近年来，分解分析（Decomposition Analysis）被引入 EKC 研究中，以确定各种机制的相对重要性，特别是确定结构变化

---

[1] 李志强、刘春梅：《碳足迹及其影响因素分析——基于中部六省的实证》，《中国软科学》2010 年第 10 期。

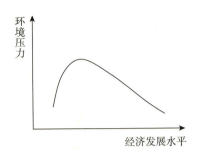

图 1 - 2　环境库兹涅茨曲线

对降低污染的贡献。鉴于此，本研究运用因素分解法[①]（按能源求和的分解）分析碳排放变化的机制，能够揭示各种可能的影响因素对碳足迹的贡献度。

碳足迹的基本公式为公式（1 -1）[②]。

$$CFP = \sum_i C_i = \sum_i \frac{E_i}{E} \times \frac{C_i}{E_i} \times \frac{E}{Y} \times \frac{Y}{P} \times P \quad (1-1)$$

公式（1 -1）中，CFP 为碳足迹；C_i 为第 i 种能源的碳排放量；E 为一次能源的消费量，E_i 为第 i 种一次能源的消费量；Y 为地区生产总值；P 为人口。其分解结构如图 1 -3。

该分解模型揭示出碳排放的推动力主要是四个因素。一是人口。人口越多，碳排放量越多，中国作为人口大国，其碳排放量即将超过美国成为全球碳排放最多的国家。二是人均 GDP。发展中国家人均 GDP 起点低，近年来增速加快，其碳排放量相应仍将不可避免地增长。三是能源强度。单位 GDP 的能源用量，称"能源强度"（Energy Intensity），产业

---

①　因素分解法，即通过对目标的逐层分解得到一个由高级到低级的具体可测的派生式指标群。在生态、环境领域已成为一种重要的分析工具。

②　Albrecht, J. , Francois, D. , Schoors, K. , "A Shapley Decomposition of Carbon Emissions without Residuals," *Energy Policy*, 2002, 30, pp. 727 – 736.

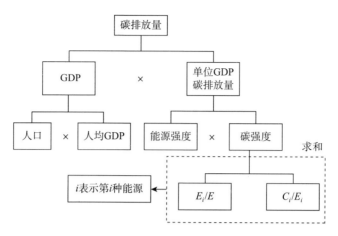

图 1 − 3　按能源分类的碳足迹因素分解

不同，如农业、工业、服务业，其能源强度不同；同一行业中，技术水平低，则能源强度高，因此，提高能源效率和节约能源，就是降低能源强度，是减排的有效方法之一。四是碳强度。由于各类能源碳排放强度 C_i/E_i，即消费单位第 i 种能源的碳排放量是固定不变的，而能源种类不同，碳强度① (Carbon Intensity) 差异就会很大，因此，能源结构因素 E_i/E，即第 i 种能源在一次能源消费中的份额是碳足迹的又一重要影响因素。而积极发展低碳能源和可再生能源，实现能源结构多元化，是减轻碳足迹的有效手段之一。

三　碳足迹的计算方法

目前，全球范围内碳足迹的计算方法主要有 IPCC 计算法、生命周期评价法、投入产出法和碳足迹计算器等。IPCC 计算法主要用于产业或部门的碳足迹计算。生命周期评价法

_____

① 碳强度 (Carbon Intensity) 是指单位能源用量的碳排放量。

主要适用于产品碳足迹的计算。投入产出分析适用于区域等宏观大尺度的碳足迹计算。碳足迹计算器适用的对象主要是个人和家庭。

（一）IPCC 计算法

IPCC 方法是联合国气候变化委员会第四次评估报告《2006年 IPCC 国家温室气体清单指南》[①] 给出的温室气体排放计算方法。《2006 年 IPCC 国家温室气体清单指南》所研究的碳排放部门包括能源、工业过程和产品使用、农林业和土地利用部门、废弃物部门四大部门。目前国际上主要部门的温室气体排放多采用 IPCC 清单编制法。针对不同的碳排放部门，碳足迹的计算方法不完全相同，但最简单、最常用的方法是碳足迹＝经济活动能源消耗量×排放因子。由于各个国家的生产工艺、技术水平和地域分布等存在差异，因此各国、各地区的排放因子也往往不同。IPCC 的《国家温室气体清单指南》提供了不同国家和不同生产工艺下的排放因子，在计算碳足迹时可直接采用。IPCC 方法由于详细性、全面性和权威性而被国际上公认为通用的碳排放评估方法。但其缺点在于其仅能从生产角度对不同领域直接碳足迹进行计算，仅适用于研究独立系统，无法计算间接碳足迹。

（二）生命周期评价法

生命周期评价法是一种用于评估产品在其整个生命周期中，从原材料获取、产品生产直至产品使用后的废弃物处置，产生的碳排放对环境影响的技术和方法。生命周期法应用领域

---

① 政府间气候变化专门委员会：《2006 年 IPCC 国家温室气体清单指南》。

主要在产品或服务方面，并且已有相关标准供参考，如 PAS 2050、ISO 14067 以及 Carbon Trust 2007。生命周期法的计算过程包括五个方面。①建立产品的制造流程图。建立产品的制造流程图是尽可能地全部列出产品在整个生命周期中所涉及的原料、活动和过程，为计算产品碳足迹奠定基础。②确定系统边界。确定系统边界是要确定所需计算的生产、使用及最终处理该产品过程中直接和间接产生的碳排放范围。③收集数据。计算碳足迹必须收集两类数据，即产品生命周期涵盖的所有物质和活动，以及活动的碳排放因子。④计算碳足迹。计算产品生命周期的碳排放的基本公式为：$T = \sum_{i=1} QU_i \cdot C_i$，其中 T 为产品的碳足迹，QU_i 为第 i 种物质或活动的数量，C_i 为碳排放因子。⑤结果检验。结果检验是要检测碳足迹计算结果的准确性，提高碳足迹评价的可信度。

（三）投入产出法

投入产出法主要从整体出发，考虑各部门之间的相互关系，因此在计算时忽略了细节，计算与实际情况有些偏差，比较适合于区域宏观尺度上温室气体排放的计算。投入产出法通过结合各部门或产业间的温室气体排放数据，可计算各部门生产产品或服务过程中导致整个系统各个部分的温室气体排放量。其计算公式为：

$$B = b \cdot (I - A)^{-1} \cdot Y$$

其中，B 为各部门为满足最终需求 Y 而引起的温室气体直接排放量和间接排放量；b 为直接排放系数矩阵，其因子为某部门单位货币产出的直接温室气体排放量；I 为单位矩阵；A 为直接消耗系数矩阵；Y 为最终需求向量。

(四) 碳足迹计算器

碳足迹计算器广泛用于个人或家庭 CO_2 的排放量的计算。该方法依据个人的消费计算各项活动的碳排放量。一般分为四个步骤,即分析气体排放源、收集燃料用量的数据、查询碳排放因子和计算碳足迹。碳足迹计算器的优点是操作简单无须专业知识,结果浅显易懂,便于公众随时计算自己的碳足迹,对于提高公众低碳意识,开展低碳生活具有重要意义。

第二章　国外低碳旅游政策对我国滨海旅游业低碳化发展的启示

随着低碳经济发展理念不断付诸实践，实现旅游业低碳化发展成为新导向。低碳旅游强调在旅游业的各个要素、环节实施节能减排，从而实现旅游业全过程的低碳化。旅游业在欧美发达国家是典型的传统产业，法国、意大利、西班牙等欧洲国家拥有漫长的海岸线和发达的滨海旅游业。进入21世纪以来，随着气候变化及其影响逐渐显著，国际组织和发达国家分别发布了旅游业应对气候变化的政策，但其中单独针对滨海旅游业低碳化发展的表述较少。由于滨海旅游业与一般旅游业就特征来看有很多相通之处。因此，分析国外一般旅游业低碳化发展的政策与措施，也能够在相当程度上对我国滨海旅游业低碳化发展政策的提出起到启示作用。因此，这一部分较为全面收集和梳理国际组织、发达沿海国家有关旅游业和滨海旅游业低碳化发展的规划和政策，以期为我国滨海旅游业低碳化发展政策提供启示。

一　国际组织有关低碳旅游的倡议和行动

国际组织尚没有就滨海旅游业发展问题出台过专门的政策和规划。但有关旅游业发展与气候变化的关系这一议题，近十多年来已引起各国政府、相关国际组织和旅游企业的广泛关注。

2003年，世界旅游组织在突尼斯召开了第一届气候变化与旅游业国际会议（The First International Conference on Climate Change and Tourism）。来自突尼斯政府、政府间海洋学委员会、政府间气候变化专门委员会、联合国环境规划署、联合国气候变化框架公约、世界气象组织、世界旅游组织和其他组织的代表参加了会议，会议重点讨论了气候变化与旅游业之间的关系。会议认为，气候变化与旅游业之间存在着非常复杂的关系，气候变化对各类型旅游目的地都能产生广泛影响，并且交通以及其他与旅游业相关的活动也是导致气候变化的原因。为此，会议通过了《关于旅游业和气候变化的杰巴尔公约》，做出了一系列降低旅游业对气候变化影响的呼吁，包括：鼓励旅游业及与之相关的交通部门、住宿部门、旅行社和导游等，采取更为节能和清洁的技术和物流方式；鼓励旅游和交通公司使用可再生能源；鼓励提高消费者的环境意识，以改变消费模式，做出气候友好的消费选择等。

2007年，第二届气候变化与旅游业国际会议（The Second International Conference on Climate Change and Tourism）在瑞士达沃斯召开。在第一届会议的基础上，第二届会议对气候变化与旅游业的相互关系进行了更加深入的讨论。相比2003年的会议，2007年的会议更深刻地认识到了旅游业与气候变化相互影响的关系。会议通过了题为《气候变化与旅游业——应对全球变化》的达沃斯宣言。通过宣言，会议达成了多项有关旅游业应对一系列关于气候变化的措施和旅游业可持续增长的共识。会议认为气候是旅游业的关键资源，旅游业对气候变化和全球变暖效应高度敏感；有必要尽快采取一系列政策促使旅游业以可持续的方式增长，逐步降低温室气体排放。为促使旅游业应对气候变化影响，必须切实采取行动，包括减少旅游活动的温室气体排放，尤其是交通和住宿部门；通过现有技术和新技术以提高能效等。第二届气候变化与旅游业国际会议不仅强调气候与旅游业之间的紧密关系，还提出了一系列可实施的行动建议，在第一届会议的基础上更进一步。

除了召集两次气候变化与旅游业国际会议外，世界旅游组织还与联合国环境规划署共同发布了一系列有关气候变化与旅游业的文件，例如《从达沃斯到哥本哈根——增强旅游业对气候变化的响应》《旅游业对气候变化的适应与缓解——框架、工具与实践》《绿色经济中的旅游业》等，持续呼吁和倡导各国政府、国际组织、私营部门关注这一议题，推进旅游业应对及减缓气候变化的政策在国家和地方层面的实施。

二　典型国家和地区有关低碳旅游的政策和举措

对旅游业依赖程度较高的国家越来越重视气候变化问题。美国、英国、日本、法国、丹麦等 5 个国家低碳旅游发展较早并且发展态势较好。欧洲是传统的旅游目的地，如果将旅游业对其他产业的联动影响也计算在内，旅游业对欧盟GDP 的贡献率达到 11%。鉴于旅游业对欧盟经济的支撑作用，欧盟成立以来高度重视旅游业的健康发展。澳大利亚以生态旅游闻名于世，位于其东海岸的大堡礁——世界最大的珊瑚群吸引着全球游客的到访。

（一）欧盟

欧洲是世界最大的旅游胜地，2010 年欧洲接待了 4.7 亿国际游客，占全球国际游客的 50.5%。[①] 然而，欧洲旅游业的碳排放的份额却相对较低，2005 年欧洲住宿业的温室气体排放仅占全球住宿业的 21%。[②] 这部分得益于欧洲的低碳政策。

欧盟自成立以来，以"公告"的形式发布了多项旅游业政策，包括《为欧洲旅游业的未来共同努力》（2001）、《可持续欧盟旅游业的基本方向》（2003）、《欧盟新旅游政策》（2006）、《可持续的和有竞争力的欧盟旅游业发展议程》（2007）、《欧洲旅游业新框架》（2010）和《促进海岸带和海上旅游经济增长和就业的欧洲战略》（2010）等，充分说明了欧盟高度重视并积极促进旅游业发展。

2005 年欧盟重启里斯本战略[③]，将增长和就业确定为欧盟发展的优先目标。2006 年欧盟发布了《欧盟新旅游政策》（*Renewed EU Tourism Policy：Towards a Stronger Partnership for European Tourism*），标志着欧盟首次将目光聚焦到旅游业上。《欧盟新旅游政策》与欧盟里斯本战略相一致，将创造就业和促进经济增长作为新旅游政策的核心目标。然而，欧洲新旅游政策却没有提及低碳旅游，对旅游业的环境影

[①] UNWTO, World Tourism Barometer, UNWTO, Madrid, 2010.

[②] UNEP, UNWTO, Tourism in the Green Economy—Background Report, UNWTO, Madrid, 2012.

[③] 《里斯本战略》是 2000 年欧盟 15 国领导人在里斯本达成的一项欧盟十年经济发展规划，其目的是在 10 年内将欧盟经济打造成全球最具竞争力的经济体，规划共制定了 28 个主要目标和 120 个次目标。其中，最重要的两个目标是就业率和科研投入。

响也没有特别关注。应当说，新旅游政策是欧盟成立以来的首个一体性旅游政策，代表着欧盟通过政策、财政等各种措施扶持旅游业发展的决心。但这一时期，关注旅游活动对环境影响的生态旅游、低碳旅游等尚未成为欧盟旅游政策的优先领域。

欧盟首次提及气候变化背景下的旅游业策略是 2010 年发布的《欧洲旅游业新框架》（*A New Political Framework for Tourism in Europe*）。相比之前的政策，新框架政策更为注重降低旅游业的环境影响，也明确认识到气候变化对旅游业的影响。该政策认为，气候变化可能改变未来的旅游模式并对部分目的地造成明显影响。例如，海平面上升将影响滨海旅游业；气温升高将导致山区降雪范围缩小，影响冬季旅游。为此，新框架政策呼吁：一方面，提高旅游业适应气候变化影响的能力；另一方面，减缓旅游业导致的（气候）结构变化。该政策还倡导在欧盟和国家层面的政策中纳入气候变化对旅游业的影响，对抗气候变化导致的旅游业结构性失业，识别与气候变化相关的旅游业风险，避免错误投资，避免高消耗旅游活动，探索可替代的旅游服务。应当说，《欧洲旅游业新框架》首次在欧盟政策层面上认识到旅游业与气候变化之间的关系，鼓励和支持欧洲旅游业探索低碳发展途径。

滨海旅游业是欧洲最大的海洋经济部门，占海洋经济增加值的 1/3，创造了 320 万个工作岗位。[①] 欧盟 2014 年发布了首个滨海旅游政策《促进海滨和海上旅游经济增长和就

---

① European Commission, *A European Strategy for More Growth and Jobs in Coastal and Maritime Tourism*. COM（2014）86 final.

业的欧洲战略》（*A European Strategy for More Growth and Jobs In Coastal and Maritime Tourism*，以下简称《战略》）。该《战略》的主要目的是在市场持续低落的情况下，增强滨海旅游业的竞争力，而减少旅游业环境压力，适应气候变化影响也是其重点领域之一。《战略》认为："气候变化影响将可能重塑旅游业的地理分布和季节需求，并提出一系列倡议，包括：促进生态旅游，推行欧盟生态标签、欧洲生态管理和审计系统等管理工具；促进实施海岸带综合管理，推行海洋空间规划，绿色基础设施建设，保证海岸带地区的可持续发展；增强废物管理和海洋垃圾治理之间的协调性，提高滨海和海洋旅游活动的可持续性；倡导各成员国采取气候变化适应措施等。事实上，鉴于滨海旅游在旅游活动中的重要地位，也出于对欧盟近期推出的'蓝色经济'政策的回应，欧盟委员会有意整合各领域行动，维护和保证滨海旅游业的健康发展。"

欧盟是国际社会倡导绿色环保的领头羊，其优美的自然环境、悠久的历史和人文环境也使其旅游业受益匪浅。作为国际旅游业的主要目的地和绿色环保先锋，欧盟已经开始重视旅游业与生态环境、气候变化之间的关系。一方面，如前文介绍，欧盟出台了多项旅游业发展政策，强调通过旅游规划、管理和投资领域措施规避气候变化风险，适应气候变化影响；另一方面，欧盟也积极部署碳减排工作，在建筑、交通、能源等领域推行减排措施，减缓旅游活动导致的气候变化效应。

（二）美国

美国拒绝加入《京都议定书》，但对可再生能源利用和节能减排给予高度重视，通过严格立法，为低碳旅游提供法律保障。早在20世纪90年代，美国已开始实施《清洁空气法》。2005年通过《能源政策法》，2007年通过《低碳经济法案》，2009年出台《美国清洁能源与安全法案》。《能源政策法》支持开发风能、太阳能、海浪能、潮汐能等可再生能源，以开发多种能源促进能源安全。制定税收政策、各种标准来节约能源。在罚则中详细地规定了能源部、环保局、农业部等部门的法律责任，以保障法律的执行。《低碳经济法案》明确规定零碳和低碳能源技术的开发与应用，并制定了低碳经济发展的激励机制和制度。《美国清洁能源与安全法案》由绿色能源、能源效率、温室气体减排、向低碳经济转型4个部分构成，主要目的是发展清洁能源，提高能源利用效率。美国促进低碳经济发展的严格立法，对相关旅游企业的碳排放以及低碳能源的使用进行有效约束，从法律角度规范了美国旅游企业的行为。

美国政府的雄厚资金和创新技术的支持，为低碳旅游发展提供强劲的推动力。自2012年开始，奥巴马政府计划连续10年向环保署拨款150亿美元用于推广低碳技术市场化，未来10年将建立能源基金，促进技术进步、提高效率、降低成本、减少碳排放。

旅游企业和旅游者都积极响应政府的低碳法案和低碳倡议，积极推动低碳旅游发展。美国著名的景点和景区的设施都采用了环保新材料，景区内仅允许自行车、电动车行驶，旅游购物场所内也将塑料袋换成了环保手袋。美国的酒店都需要自备洗漱用品，取消了一次性的洗漱用品。

2012年初，美国总统奥巴马签署了一项行政命令，授权美国商务部旅游局成立专门工作小组制定《美国旅游业发展战略》。《美国旅游业发展战略》提出："在迈阿密增设通往其市郊鳄鱼湖国家野生动物保护区、比斯坎国家公园和佛罗里达群岛国家海洋保护区的旅游线路，以此探索'原生态迈阿密'。"

（三）英国

英国是全球低碳经济的开创者。英国没有专门针对滨海旅游业低碳化发展的政策规定，但其出台的有关低碳经济方面的政策几乎涉及了旅游业的各个方面。

2003 年，英国在能源白皮书《我们能源的未来：创建低碳经济》中首先提出了低碳经济。2006 年，英国政府发布了《能源回顾——能源挑战》，进一步指出了国际社会共同应对气候变化的行动策略，积极推动世界范围的低碳经济发展。[①]

英国政府通过市场约束机制促进低碳经济发展，促进旅游企业推行低碳旅游发展模式。英国政府创建碳基金[②]、推出气候变化协议（CCA）[③]、采取财政补贴或免税优惠、启动温室气体排放贸易机制等。2008 年，英国通过了《气候变化法案》，其目的是推动低碳经济的发展和建立低碳社会。其中，英国政府承诺到 2020 年，将减少 20% ~32% 的温室气

---

① Ian Yeoman, John Lennon, Adam Blake, "Oil Depletion: What Does This Mean for Scottish Tourism?", *Tourism Management*, 2007, 28 (5), pp. 1354 – 1365.

② 碳基金是由英国政府投资、按企业模式运作的商业化基金，致力于促进低碳技术研发，协助商业和公共部门提高应对气候变化的能力，成立于 2001 年。碳基金的主要来源是气候变化税。

③ 气候变化协议（CCA）是英国政府和企业之间达成的自愿协议。协议规定：如果能源密集型企业能够实现难度大、效益高且能效好的碳节能减排目标，政府可以大幅度减免征收气候变化税。若企业不能兑现既定的目标，英国政府也允许这些企业参与英国碳排放贸易机制，以买卖碳排放配额的方式，来实现气候变化协议的要求。

体排放；到 2050 年，将使温室气体排放量降低 80%。[1] 这一法案使英国成为世界上第一个对温室气体排放实施控制的国家。2009 年 7 月，英国政府公布了《英国低碳转型发展规划》（*The UK Low Carbon Transition Plan*）白皮书，这是全球首次将 CO_2 量化减排指标进行预算化管理，确定"碳预算"指标（Carbon Budget），并分解落实到各领域，这些领域都与旅游业密切相关。同时，英国开始征收气候变化税，包括酒店、旅行社、景区等在内企业都需要依据其煤炭、油气等高碳能源的使用量来计征，但使用生物能源、清洁能源和可再生能源的旅游企业可获得税收减免。

英国政府要求其工作人员为民众实施低碳旅游做出示范。英国政府要求工作人员及亲属乘坐飞机时间不足 5 小时的航班时，必须乘坐经济舱。鼓励采取视频会议，积极引导民众在旅行和参加会议时采用低碳的出行方式。

（四）澳大利亚

旅游业是澳大利亚经济的重要产业，每年产生约 340 亿美元的 GDP，直接雇佣超过 50 万人，这是澳大利亚创造就业岗位最多的服务业。[2]

澳大利亚政府认识到气候变化导致的基础设施和自然环境变化很可能影响到旅游业。为此，政府提出了一系列措施。2008 年发布的《旅游业与气候变化行动框架》（*Tourism and Climate Change—A Framework for Action*，以下简称《行动框架》）是一项

---

[1] Mark Stallworthy, "Legislating Against Climate Change: A UK Perspective on a Sisyphean Challenge," *The Modern Law Review*, 2009, 72 (3), pp. 412 – 436.

[2] Australia, T., "Tourism 2020: Whole of Government Working with Industry to Achieve Australia's Tourism Potential," *Retrieved*, December, 2011.

关于旅游业应对气候变化的专门政策，分析了气候变化对旅游业的潜在影响，提出了重点应对领域和具体行动。

《行动框架》认为全球范围内不断升温的碳减排呼吁将给旅游业造成持续压力。澳大利亚政府承认全国旅游业的碳足迹约为 3990 万吨 CO_2 当量（基于 2003 ~ 2004 年数据），相当于全国温室气体排放的 7.2%。而政府承诺的减排目标是到 2050 年，全国碳排放水平降低到 2000 年水平的 40%。在这一减排目标下，涉及交通、住宿等多项耗能环节的旅游业，面临着巨大压力。

为了帮助旅游业适应碳约束背景下的市场环境，《行动框架》提出了五个行动领域：①更好地理解气候变化对旅游业的物理和经济影响以及旅游业的脆弱性，培养旅游业的抵抗能力和适应能力，为未来的投资方向提供确定性意见；②倡导旅游业为未来实施碳约束政策做好准备，继续为澳大利亚的经济做出实质性贡献；③重新定位旅游市场策略，应对气候变化带来的挑战和机遇；④开展持续的和有效的行业延伸服务和交流，为旅游业提供充分的信息；⑤在全国范围开展持续的、包容的和合作的实施途径。

应当说澳大利亚政府为应对气候变化影响做出了充分的准备，不仅制定了低碳旅游专门政策，开展了相关研究项目以支持旅游业决策，并且通过网站等途径为旅游业经营者提供信息，从多个角度干预和调整旅游行业的发展。并且，不同于欧盟政策提出原则性指导的做法，澳大利亚的《行动框架》对政府、企业等不同主体提出对策建议，具有较强的可操作性。

（五）法国

法国政府实施"财政补贴"和征收"污染税"的政策，

推动低碳旅游的发展。2008 年，法国政府实施"新车购置金"政策，政策规定车主换购的小排量更环保的新车，则可以享受 200 欧元至 1000 欧元的补贴，而换购大排量、污染重的新车则需要交纳 2600 欧元的新车购置税。交通碳排放占旅游业总碳排放的绝大多数，这一政策客观上推动了法国低碳旅游的发展。

法国民众的低碳旅游意识很强，并且形成了一种社会时尚。在法国的旅游者往往积极加入低碳旅游行列，热衷于参加环保宿营、自行车旅行度假等活动。

（六）日本

日本是《京都议定书》的发起和倡导国，其对低碳经济发展非常重视。日本通过对法律手段的全面而细致的运用，推动了本国的低碳经济发展和低碳社会的建设。2008 年，日本发布《建设低碳社会的行动计划》，对住宅、交通、工业等部门提出了减排预期目标。2009 年，日本公布了《绿色经济与社会变革》，其中提出消减温室气体排放的措施，大力发展低碳经济。为了促进民众实现消费的低碳化，日本政府在 2000 年制定了《绿色采购法》，2007 年制定了《环境友好合同法》。日本的《建筑循环利用法》明确规定了建筑房屋改扩建时有义务循环使用旧的建筑材料。

日本政府注重对低碳旅游发展的资金投入和技术创新。为降低旅游交通中的碳排放，日本大力引进清洁能源公共汽车。垃圾处理和太阳能技术在日本的景区和酒店得到了广泛应用。许多景区和酒店都将垃圾废物送到垃圾处理厂，加工成生物燃料以重新利用。酒店和景区建筑都设置了太阳能电池板，用以发电。

日本政府宣传低碳理念，低碳旅游深入人心。日本政府和相关社会团体通过网络、电视、报刊等媒体向旅游者宣传低碳、环保、节能方面的知识，倡导旅游者将低碳旅游理念贯穿到旅游的食、住、行、游、购、娱等各个环节中。

三　国外促进旅游业实现低碳化发展的措施

根据世界旅游组织统计，旅游业 CO_2 排放量约占全球碳排放总量的 5%[1]，这一数字仍然是保守的估计，其中并没有将修建机场、高速公路等基础设施的碳排放包括在内。虽然旅游业，尤其是国际旅游造成相当多的碳排放，但很多发展中国家仍需要依赖国际旅游维持国民经济的增长。因此，以减少客流量的方式降低碳排放是不可取的。作为全球气候变化背景下的旅游业新动向，低碳旅游不仅得到了各个国家和地区的政策支持，而且在地方政府、旅游组织、酒店、旅行社等主体的积极参与下得到了落实。减少碳排放的途径有很多，包括提高能源效率、减少高耗能行为、增加可再生能源使用、碳补偿等，具体到旅游业，减排措施可以落实到建筑、交通、风景区规划与管理、旅游产品策划等方面。

（一）低碳出行

旅游业碳排放的 75% 是由交通活动造成的[2]，交通是低碳旅游的重点领域。低碳出行有多种途径，既包括改进航

---

[1] UNWTO, UNEP, WMO, Climate Change and Tourism: Responding to Global Challenges, UNWTO, Madrid, and UNEP, Paris, 2008.

[2] UNWTO, UNEP, WMO, Climate Change and Tourism: Responding to Global Challenges, UNWTO, Madrid, and UNEP, Paris, 2008.

空、铁路等交通系统，也包括影响消费者的出行选择。

不同交通方式的碳排放差距很大，交通方式的选择对于碳排放减排至关重要。飞机（以 1000～1500 km 航行距离为例）的碳排放大概为 0.12 kg CO_2/pkm，私家车（载 3 人计）大概为 0.09 kg CO_2/pkm，火车大概为 0.03 kg CO_2/pkm，长途汽车的碳排放略高于 0.02 kg CO_2/pkm。飞机单位距离的碳排放可达到火车或长途汽车等低碳出行方式的 4～6 倍。因此，在出行距离允许的情况下，乘坐火车远比飞机低碳。同时对于航空飞行来说，由于大部分的能耗用在起飞环节，长途飞行比短途飞行的单位距离能耗要低。这再次证明从低碳的角度考虑，短途出行应当尽量避免乘坐飞机。

作为一种清洁的、节能的、便捷的交通方式，铁路也可以成为未来出行的优先选择。在国际上，一些铁路公司也以低碳、绿色作为宣传标签。例如，瑞士联邦铁路公司（Swiss Federal Railways）几乎全部采用清洁能源（水电、风电等）作为列车运行动力，并且承诺到 2020 年减少 30% 的温室气体排放量（1990 年水平）。

尽管航空飞行是能耗最大的交通方式，航空公司也可以通过加快设备更新率、提高载客率、减少航线中转次数等降低碳排放量。欧盟的大型航空研究计划——"同一片欧洲天空项目（Single European Sky ATM Research Project）"提出降低航空碳排放，承诺到 2020 年减少项目范围内航班 10% 的燃油量。

（二）低碳住宿

酒店和旅店贡献了全球旅游业 20% 左右的碳排放。[1]　旅

---

[1]　UNEP, UNWTO, Tourism in the Green Economy—Background Report. UNWTO, Madrid. 2012.

店可以通过节能和使用可再生能源两种途径减排。出于节约成本考虑，酒店和家庭旅馆的经营者都有自发的减排动力。有研究证明，酒店增加6%的节能设计开支可以节约10%的能耗，而实施酒店整体环保策略能带来17%～74%不等的经济回报。[①]

一些大型的连锁酒店走在低碳环保的前列。瑞典连锁酒店（Scandic Hotels）是全球领先的碳中性酒店，在1994年即宣布实施节能计划，在1996～2006年减少了24%的能源消费。到2008年，Scandic Hotels旗下130家酒店中的106家通过了Nordic Swan生态认证，17000间酒店房间实现废物回收。Scandic Hotels还通过采购环境认证产品、员工培训、供应有机食品等方式实现综合的可持续管理。最近该酒店更宣布要在2025年达到碳中性，即通过进一步实施节能和碳补偿措施，达到CO_2的零排放。

对于中小型酒店而言，利用可再生能源是可行的减排途径，并且能够带来可观的经济收益。一项对希腊小型酒店的研究证明，太阳能发热系统的投资回收期为10年[②]，长期来看给酒店带来可观的节能开支。对澳大利亚酒店的研究证明，安装太阳能和风能系统对酒店都是经济可行的，风能的回收期更短（风能3～4年，太阳能6～7年）。在热带地区和大部分的温带地区（安装太阳能热水器的条件更好），即使只是为泳池等对水温要求不高的设施供水，太阳能热水器

---

① Pratt, L., Rivera, L., Bien, A., "Tourism: Investing in Energy and Resource Efficiency," *Towards a Green Economy*, 2011, pp. 410-446.

② Bakos, G. C., Soursos, M., "Techno-Economic Assessment of a Stand-Alone PV/Hybrid Installation for Low-Cost Electrification of a Tourist Resort in Greece," *Applied Energy*, 2002, 73 (2), pp. 183-193.

也能替代相当的传统能源。①

（三）低碳游览

旅行社对旅行的碳排放有重要影响，因为旅行社提供的旅游产品——包括目的地、交通方式、住宿以及游览活动等在内的一体化行程，涵盖了旅游的各个环节。通过推荐低碳出行方式和节能酒店，旅行社可以大大降低游客的碳排放。例如，旅行社可以为中短途旅行安排铁路出行，提高游客单个目的地停留时间，或者推荐有低碳标签的酒店和服务等。

国际上有很多旅行社推出低碳旅游产品，德国旅游组织（Deutscher Verkehrs Club）同 10 个度假地共同推出"亲近自然"的主题旅游，全程不乘坐机动车。一些旅行社还会公开旅游产品的碳排放清单，从而鼓励游客选择低碳的旅游方式。

根据国际生态旅游协会（International Ecotourism Society），生态旅游维持着很高的增长——年增长率为 15%，明显高于传统旅游增长。基于自然环境和生物多样性的生态旅游提供了新的商业机会，也开拓了低碳、环保旅游的新模式。欧洲开展生态旅游已有十余年的历史，如挪威的观鲸活动和斯洛伐克的观熊活动。

（四）低碳旅游目的地

旅游目的地有很大的减排潜力。旅游目的地有各种规模，如城市、农场、度假村等。旅游目的地作为一个整体，有整合基础设施、酒店、游览活动的能力，可以采取很多途

---

① Dalton, G. J., et al., "Case Study Feasibility Analysis of Renewable Energy Supply Options for Small to Medium-Sized Tourist Accommodations," *Renewable Energy*, 2009, 34 (4): 1134 – 1144.

径减排。旅游目的地的规划与发展将是低碳旅游业发展的一种新兴手段。每个旅游目的地都有独一无二的特征，因此目的地的设计也应当发挥当地特色，绘制当地的低碳环保发展蓝图。

度假地完全可以按照低碳标准设计交通系统，例如，采用可再生能源发电的电动车，免费的公共交通，火车站和汽车站的接站服务，设计专门的自行车游览路线等。例如，在每年的 5 月至 9 月，哥本哈根开展"免费自行车"计划，游客可以免费在内城使用自行车。英国有超过 1000 千米的步行和骑行路线，鼓励人们开展健康的自行车游览。近年来，新西兰、挪威、斯里兰卡等一些著名的旅游目的地国家都决定成为碳中性国，这意味着在其交通、建筑等领域实行严格的碳管理，为低碳旅游发展提供便利条件。

（五）制定低碳旅游的标准与实施认证

在低碳和可持续旅游业的发展过程中，标准是非常关键的一环。一旦低碳旅游业标准受到业界的认可和广泛实施，标准将起到监督旅游业运行，引导消费者的作用。标准化认证将允许消费者了解旅游产品的生态影响和社会责任，在信息对称的情况下做出消费选择。随着低碳、环保的概念深深植入社会，越来越多的消费者倾向于低碳产品，标准和认证也将起到更大的甚至是决定性的作用。

全球可持续旅游业标准（GSTC，Global Sustainable Tourism Criteria）发起于 2008 年，提供了在全球范围分享可持续旅游业实践经验的平台，这是促进可持续旅游业落地的有力举措。目前 GSTC 已经在多个国家实施，旅游业非政府组织在其中发挥了积极的推动作用。埃及政府结合 GSTC 在国内发起了一项住宿业的认证标准——绿星住宿（Green Star Hotel Initiative）致力于提高住宿业的环境绩效。在 GSTC 倡导下，国际酒店餐饮联合会发起了一项可持续住宿认证计划（Emeraude Hotelier）。德国可持续发展合作机构（The German Sustainable Development Cooperation Agency）发起了一项资助小型旅行社进行 GSTC 认证的项目。

可持续旅游业认证目前仍然处于起步阶段，但其潜力不可小觑。作为一项自愿性的措施，标准与认证手段具有灵活性，能够激发旅游业经营者的动力，跟一些强制性的手段相比，长期效果更好，是促进旅游业低碳环保的重要措施。

四　推进我国滨海旅游业低碳化发展的政策方向

从沿海发达国家经验来看，旅游业应对气候变化政策是一项多主体参与的、整体性的政策，并且有赖于全社会低碳意识的提高。这一部分总结沿海发达国家经验对我国滨海旅游业实现低碳化发展的启示，具体包括以下几点。

（一）发挥政府的引导作用

从各国实施低碳旅游政策的经验来看，政府、私营部门和行业协会之间的配合非常重要。滨海旅游业低碳化发展需要多主体参与，发挥各个主体的作用。政府的作用侧重于引导和辅助，为旅游企业提供充分的信息、适当的财政支持以及必要的基础性服务。

（二）激发旅游企业的积极性

出于盈利和保持竞争力的目的，旅游企业在实施低碳政策方面具有巨大动力。对于酒店和度假村来说，节能是降低经营成本的重要途径。同时，面临气候变化带来的威胁和风险，滨海旅游业的经营者也不得不采取适应措施以保障旅游者的安全。应当说旅游企业是实施滨海旅游业低碳化政策的主要群体和主导力量。如何进行政策设计以满足旅游企业的需求，引导其进一步实施节能减排是低碳旅游政策的重要命题。

（三）提倡旅游协会的参与

国际组织和旅游协会在倡导低碳旅游方面也发挥了重要作用。世界旅游组织是讨论和推进旅游业应对气候变化议题的重要力量。而区域性旅游协会具有较强的联络能力，能够把区域内的酒店、度假村等组织起来开展低碳活动，增强活动的规模效应和宣传效果。旅游协会作为专业性组织，也承担制定标准、实施认证和评估的功能。例如，在欧盟生态标签、欧洲生态管理和审计系统的推行过程中，旅游协会起到了重要的作用。旅游协会也能够发挥一定的信息公开和监督作用，有助于形成健康的低碳旅游市场。

（四）采取整体性策略

滨海旅游业具有很强的联动特征，旅游活动包括出行、住宿、观光等多个环节，因此旅游政策与交通、建筑、能源等多个领域交叉。滨海旅游业低碳化发展目标的实现，有赖于以上领域低碳发展水平的整体提高。例如，只有在区域交通系统的整体水平较高，交通路线规划合理，交通设施完备的情况下，低碳出行的口号才能得以实现。因此，滨海旅游业低碳化发展的实现需要制定涉及交通、建筑、旅游线路等方面的整体性战略。

（五）宣传和培养低碳理念、低碳意识

滨海旅游实现低碳化发展是一种市场行为，旅游者的偏好对低碳旅游市场的形成和成长至关重要。无论是低碳出行、低碳住宿还是低碳游览，旅游者的积极参与都是先决条件。因此，引导旅游者树立低碳、健康、环保的消费观念，也是滨海旅游业实现低碳化发展政策不可或缺的基础工作。既可以通过城市标语、景点宣传册等多种形式向旅游者宣传低碳旅游理念，也可以在旅游活动中加入碳排放量计算环节，使旅游者重视其旅游活动的气候影响，提高旅游者的减碳积极性。

五　推进我国滨海旅游业低碳化发展的政策措施

为推进我国滨海旅游业低碳化发展，有必要从政策规划、旅游产品设计、基础设施建设、标准与认证等多方面入手（见表 2 - 1），加强滨海旅游业的低碳化管理。

（一）促进低碳滨海旅游城市规划体系的建立

发挥滨海旅游城市规划在道路设计、景观设计方面的优势，为开展滨海旅游业低碳化发展提供便利。在城市设计中注重城市景观与步行空间的结合，设计具有吸引力的、符合现代人建设理念的城市步行路线。在有条件的城市，可以结合城市公共自行车租赁系统，推出城市骑行路线，鼓励外来游客开展骑行观光。

（二）建立滨海旅游产品碳排放水平公布制度

鼓励各酒店、景区和滨海旅行产品公布碳排放水平，借助旅游者和社会大众的力量，形成有利于低碳化的舆论导向。鼓励各酒店公布其碳排放强度，对排放强度低甚至碳中性的酒店授予低碳酒店称号，给予低碳标识。对旅行社也实施碳排放水平公布制度，旅行社公布其推出的各旅游路线在住宿、交通、用餐、购物等全过程的碳排放水平，逐步培养滨海旅游者对低碳滨海旅游产品的偏好。

（三）健全应对气候变化的基础设施建设

发挥政府在基础设施建设中的作用，加强滨海地区对防灾减灾基础设施的建设，增强其防灾减灾能力，减缓气候变化带来的人员和财产损失。加强针对旅游业的气象预警服务，及时将飓风、极端天气等预警信息传达到酒店和游客，加强灾害预防。强化沿海地区防浪堤建设，积极开展海岸带生态修复工作，增强人工设施和自然植被在防止风暴侵害、海岸带侵蚀方面的作用。

（四）鼓励低碳产品应用

鼓励相关经营主体采购和使用低碳产品。鼓励沿海地区酒店、度假村和滨海景区使用可再生能源，如太阳能供暖、风能发电、海洋能发电等，提高清洁能源的使用比例。鼓励酒店、度假村选购节能电器，降低能耗水平。鼓励电瓶车、自行车在滨海景区和度假村的使用，减少私家车和大巴的使用，降低排放水平。

（五）构建低碳认证体系

政府和旅游协会应发挥行业管理者和组织者的角色作用，推进低碳认证体系建设。政府应组织相关专家编制有关旅游活动和旅游产品的低碳标准，并在标准编制过程中积极发挥旅游行业协会的技术力量。在低碳旅游标准的基础上，开展针对酒店、景区和旅游活动的低碳认证，对符合低碳标准的经营主体授予使用低碳标识的权利。建立低碳旅游信息平台，公布各经营主体的低碳认证信息，进一步形成有利于低碳发展的制度体系。

表 2 - 1　各主体围绕低碳旅游的政策措施

主体	信息	基础设施	低碳标准与认证	城市规划与出行规划
政府	发表气象预警；发布低碳旅游相关规划与政策	建设与应对气候变化有关的基础设施，如防浪堤、疏散地等	制作低碳旅游标识、宣传册；开展低碳产品认证，包括低碳酒店认证、低碳景区认证	设计城市休闲步道；设计城市骑行路线
旅行社	公布不同旅游产品的碳排放水平	—	推出生态旅游、自然体验旅游等低碳旅游产品	向游客推荐铁路、大巴等低碳出行方式
旅游协会	组织低碳培训；面向酒店、旅行社等发布低碳旅游资料；面向游客宣传低碳旅游产品	—	组织或协助政府开展低碳旅游产品认证；推出低碳认证标准	参与城市观光路线设计

续表

主体	信息	基础设施	低碳标准与认证	城市规划与出行规划
酒店	公布酒店的碳排放水平	使用太阳能供暖系统	采购低碳产品；参加低碳酒店认证	开展接送站服务
景区管理单位	公布景区的碳排放水平	使用太阳能、风能、海洋能等可再生能源	采购低碳产品；参加低碳景区认证	景区内配备电瓶车、自行车等交通工具

第三章 我国滨海旅游业低碳化水平评价与碳排放情境预测

本章以 2015 年为基准年，运用碳足迹分析方法，构建滨海旅游业碳足迹的定量评估模型以及低碳化评价指标体系，并定量评估我国滨海旅游业碳足迹的空间分布和我国沿海地区滨海旅游业低碳化发展程度。根据对我国滨海旅游业的增长潜力和市场规模的预测，结合我国滨海旅游业低碳化发展程度评价，对我国滨海旅游业碳足迹在征收不同碳税情境下进行分析和预测，并分析我国滨海旅游业碳足迹分布与滨海旅游业发展差异之间的关系。

一 我国滨海旅游业碳足迹空间分布

旅游业碳足迹是为旅游者提供交通、住宿、餐饮、购物、游览、娱乐等服务相关的设施、设备、建筑物等产生的二氧化碳（CO_2）量和保障旅游业运行的行业部门、机构、组织运转而产生的二氧化碳量之和。[①] 这里拟运用碳足迹分析方法和旅游业碳足迹计算方法，构建基于旅游业六要素（包括交通、

① 王怀採：《张家界旅游者碳足迹研究》，博士学位论文，中南林业科技大学，2010。

住宿、餐饮、购物、游览、娱乐）的滨海旅游业碳足迹定量评估的一般理论模型。

（一）滨海旅游业碳足迹模型构建

根据旅游活动的构成要素，一项旅游活动通常是由食、住、行、游、购、娱六大部分组成。因此，滨海旅游业碳足迹可从交通、住宿、餐饮、购物、游览和娱乐六个部分分别进行计算后加总而得。计算滨海旅游业总碳足迹的模型可以表达为公式（3-1）。

$$TCF = CF_t + CF_a + CF_f + CF_{sh} + CF_{ss} + CF_e \qquad (3-1)$$

公式（3-1）中，TCF 为滨海旅游业总碳足迹；CF_t 为滨海旅游业旅游交通碳足迹；CF_a 为滨海旅游业住宿碳足迹；CF_f 为滨海旅游业餐饮碳足迹；CF_{sh} 为滨海旅游业购物碳足迹；CF_{ss} 为滨海旅游业游览碳足迹；CF_e 为滨海旅游业娱乐碳足迹。

（二）我国滨海旅游业碳足迹分析

根据公式（3-1），我国滨海旅游业碳足迹首先需按照旅游交通、旅游住宿、旅游餐饮、旅游购物、旅游游览、旅游娱乐六方面进行核算，然后汇总得到。

1. 滨海旅游业交通碳足迹

滨海旅游业交通碳足迹受旅游距离、选乘的交通工具、交通工具载客量等诸多因素影响。

旅游距离越长，旅游活动的碳排放量越高，这主要表现在两个方面：一是旅游过程中使用的交通工具要消耗一定的能量，旅途越长需要的能量越多，产生的二氧化碳也会越多；二是旅游距离会影响到旅游者对交通工具的选择。长途旅游的游客一般为了便利和节省时间会选择飞机作为旅游的主要交通工具。而航空运输是旅游碳足迹贡献最高的因素，是旅游过程中碳排放的主要因素。

旅游交通所选择的交通工具是决定旅游者碳排量的重要因素。在旅游过程中采用的交通工具有飞机、汽车、公交车、火车、游轮、摩托车、自行车等。而飞机、汽车、火车成为选择比较多的对象。交通工具的不同所造成的碳排量也不同。飞机产生的碳排量最多，而汽车的碳排量尽管少但采用汽车的旅游者数量大大多于乘坐飞机的旅游者，因此汽车也是造成碳足迹多的因素。

采用载客量多的交通工具有助于减少二氧化碳的排放量，同样的旅游者人数承载量的增高会减少交通工具的使用量从而较少碳排量。因此，载客量少的轿车被认为是碳足迹高的交通工具，载客量多的旅游车、公交车等成为低碳的交通工具。

根据以上分析，参考相关文献，旅游交通碳足迹可按公式（3-2）计算[1][2]。

$$CF_t = \sum_{i=1}^{n} P_i \cdot D_i \cdot \beta_i \qquad (3-2)$$

公式（3-2）中：CF_t 为滨海旅游业旅游交通碳足迹；n 为交通工具（飞机、汽车、火车等）种类；P_i 为乘第 i 类交通工具的旅游者人数；D_i 为乘第 i 类交通工具出游距离

---

[1] Stefan Gossling, "Global Environmental Consequences of Tourism," *Global Environmental Change*, 2002, 12 (4), pp. 283–302.

[2] 石培华、吴普：《中国旅游业能源消耗与 CO_2 排放量的初步估算》，《地理学报》2011 年第 2 期。

（km）；β_i为乘第 i 类交通工具能耗的二氧化碳排放因子（kg/pkm）。

其中二氧化碳排放因子可由公式（3-3）计算。

$$\beta_i = \frac{F_i}{E_i \cdot L_i} \qquad (3-3)$$

公式（3-3）中：F_i为第 i 类交通工具（飞机、汽车、火车等）每使用单位化石燃料所产生的二氧化碳排放量（kg）；E_i为第 i 类交通工具燃油效率（km/l）；L_i为第 i 类交通工具载荷因子，即第 i 类交通工具平均乘客数量。

有关 β_i 的取值，不同学者对不同交通工具的二氧化碳排放因子有不同的研究成果（见表3-1），国内学者对不同交通工具的二氧化碳排放因子也进行了研究。根据何吉成等[①]和吴文化[②]的研究，中国铁路机车碳排放强度低于德国、日本等国家，所以本研究对铁路碳排放系数选用 UNWTO-UN-EP-WMO 使用的 27g CO_2/pkm；中国同类小汽车能耗水平高于欧盟、美国等国家，而营业性汽车的能耗水平相差不大，因此本研究中公路客运碳排放系数采用这些研究结果的最高值，即 133g CO_2/pkm；由于中国民航客运能耗水平要低于美国和日本，所以民航客运碳排放系数选用其中的最低值 137g CO_2/pkm；水运客运碳排放系数选用与中国实际较近的 Kuo 和 Chen[③] 所选用的 106g CO_2/pkm。

---

① 何吉成、李耀增：《1975-2005年中国铁路机车的 CO_2 排放量》，《气候变化研究进展》2010年第1期。

② 吴文化：《我国交通运输行业能源消费和排放与典型国家的比较》，《中国能源》2007年第10期。

③ Kuo, N., Chen, P., "Quantifying Energy Use, Carbon Dioxide Emission, and Other Environmental Loads from Island Tourism Based on a Life Cycle Assessment Approach," *Journal of Cleaner Production*, 2009, 17 (15), pp. 1324-1330.

表 3 – 1　境外各种交通工具碳排放系数研究成果[①]

单位：g CO_2/pkm

出行方式	交通工具	欧洲地区	新西兰	中国台湾	UNWTO-UNEP-WMO
铁路	铁路列车	27	—	—	27
	柴油型火车	—	98.9	—	
公路	汽车（OECD 90 成员）	133	—	—	133
	汽车（非 OECD 90 成员）	89	—	—	
	私人汽车	—	68.7	97	
	长途客车	22	69.2	—	22
	租赁车/公司车/出租车	—	62.7	63	
水运	轮船	—	165.1	106	
	渡轮	66	—	—	66
民航	飞机	137	188.9	177.7	

　　计算我国滨海旅游交通碳足迹不仅需要获得我国滨海旅游客源分布数据（见表 3 – 2、表 3 – 3），而且需要获得客源地到我国滨海旅游目的地的交通方式数据。依据相关文献资料和《国家海洋局近海海洋综合调查与评价专项调研报告》成果，对于旅游者到旅游目的地的交通方式有以下几点结论。①国外游客入境主要交通工具是飞机。[②] ②区外游客多数通过航空或铁路等交通线到达沿海省份首府，再从首府沿着公路线到达沿海省份滨海地区，区内游客则大多是从客源地沿着公路线或铁路线直接到达滨海地区，滨海地区内的游

---

① 魏艳旭、孙根年、马丽君、李静：《中国旅游交通碳排放及地区差异的初步估算》，《陕西师范大学学报》（自然科学版）2013 年第 3 期。

② 中华人民共和国国家旅游局：《2014 年中国旅游统计年鉴》，中国旅游出版社，2014。

客又通过公路线或铁路线流动。① ③少于 600 千米的路程，游客主要乘坐火车或大巴车；多于 600 千米的路程，游客的主要交通工具是飞机。④滨海旅游游客从客源地到目的地所使用的交通工具与回到客源地所使用的交通工具相同。

根据表 3 - 1、表 3 - 2、表 3 - 3 的数据测算可得，2015 年我国滨海旅游交通碳足迹总量为 20124.82 万吨。其中，境内滨海旅游交通碳足迹占 91.24%，为 18361.96 万吨；入境旅游交通碳足迹占 8.76%，为 1762.86 万吨（见表 3 - 4）。从平均值看，入境滨海旅游的人均交通碳足迹较大，达到 2016 千克/人次，是境内滨海旅游人均碳足迹 108.48 千克/人次的约 19 倍。我国滨海旅游业交通碳足迹中航空客运碳足迹占绝大部分比重，2015 年这一比重为 97.87%。因此，航空客运是我国滨海旅游业交通碳足迹的主体（见表 3 -5）。

2. 滨海旅游业住宿碳足迹

滨海旅游住宿是旅游活动中的一个重要方面，量化旅游者住宿的二氧化碳排放量是计算滨海旅游业碳足迹的重要方面。不同类型的住宿设施对能源使用量不同，因此所产生的环境影响也不相同（见表 3 -6）。

滨海旅游住宿碳足迹的计算公式为（3 -4）②。

$$CF_a = \sum_{i=1}^{m} r_i \times N_i \times R_i \qquad (3-4)$$

公式（3 -4）中，CF_a 为滨海旅游业住宿二氧化碳排放

① 国家海洋局近海海洋综合调查与评价专项沿海省、自治区、直辖市《潜在滨海旅游区评价与选划研究总报告》研究成果。
② 邹永广：《旅游景区碳足迹测算及其对环境影响》，《重庆师范大学学报》（自然科学版）2011 年第 5 期。

表3-2　近年我国国内滨海旅游客源分布

单位：万人次，%

	天津①	河北②	辽宁③	上海④	江苏⑤	浙江⑥	福建⑦	山东⑧	广东⑨	广西⑩	海南⑪
境内滨海旅游人数	10605	7016	17002	25990	6601	38902	14062.67	24114	19480	3283	2209
北京	23.00	17.03	18.50	0.75	3.23	4.20	1.72	5.71	3.16	1.13	5.96
天津	48.00	6.27	8.20	0.75	1.02	0.70	0.47	1.73	0.51	0.00	2.82
河北	12.00	35.15	6.70	0.75	1.81	1.10	0.57	4.42	1.32	0.00	2.82
山西	4.40	5.18	0.00	0.75	1.22	0.40	0.54	1.99	0.41	0.00	2.82
内蒙古	0.00	1.65	3.40	0.75	0.35	0.08	0.11	0.67	0.26	1.51	1.37
辽宁	7.00	2.93	23.40	0.75	1.62	0.90	0.65	3.62	1.72	0.00	1.30
吉林	0.00	1.76	8.70	0.75	1.02	0.80	0.29	1.66	0.85	0.00	1.30
黑龙江	0.00	1.00	9.40	0.75	1.07	1.00	0.25	2.26	0.99	0.38	1.30
上海	0.00	1.73	10.20	66.00	9.34	16.20	3.16	3.09	2.80	0.75	3.64
江苏	0.00	1.93	0.00	6.00	35.57	12.30	2.62	6.39	2.05	1.51	5.96
浙江	0.00	1.12	0.00	6.00	9.09	38.60	4.31	2.92	3.02	0.00	4.55
安徽	0.00	1.22	0.00	0.75	6.50	2.80	1.11	1.51	0.99	0.00	0.91
福建	0.00	0.64	3.30	0.75	1.73	2.20	64.10	1.34	2.88	0.00	0.23

续表

	天津①	河北②	辽宁③	上海④	江苏⑤	浙江⑥	福建⑦	山东⑧	广东⑨	广西⑩	海南⑪
江西	0.00	1.19	0.00	0.75	1.91	2.40	3.63	0.69	2.47	0.75	0.91
山东	7.00	4.31	3.00	0.75	6.30	3.90	1.22	45.51	2.05	0.00	3.64
河南	0.00	4.20	0.00	0.75	2.96	1.70	0.93	3.97	2.01	0.75	2.82
湖北	0.00	1.97	0.00	0.75	2.30	1.40	1.44	1.30	3.59	0.00	4.55
湖南	0.00	1.15	0.00	0.75	1.73	1.90	1.90	1.18	6.93	5.28	10.01
广东	0.00	1.22	5.20	0.75	3.30	4.40	6.17	3.42	47.35	6.04	12.74
广西	0.00	0.33	0.00	0.75	0.83	0.50	0.65	0.58	5.13	74.42	0.23
海南	0.00	1.33	0.00	0.75	0.53	0.40	0.39	0.41	1.34	0.00	9.00
重庆	0.00	0.74	0.00	0.75	0.63	0.40	0.47	0.48	0.43	0.38	3.64
四川	0.00	0.95	0.00	0.75	1.77	1.30	1.08	1.37	3.16	1.89	2.85
贵州	0.00	0.76	0.00	0.75	0.43	0.09	0.43	0.31	0.71	2.64	2.85
云南	0.00	0.52	0.00	0.75	0.71	0.50	0.39	0.66	1.18	1.13	3.64
西藏	0.00	0.18	0.00	0.75	0.11	0.05	0.00	0.07	0.14	0.00	0.06
陕西	0.00	1.43	0.00	0.75	1.54	0.60	0.65	1.42	1.62	0.75	2.82
甘肃	0.00	1.29	0.00	0.75	0.65	0.06	0.25	0.51	0.43	0.38	1.37
青海	0.00	0.14	0.00	0.75	0.17	0.07	0.07	0.20	0.06	0.00	0.06

续表

	天津①	河北②	辽宁③	上海④	江苏⑤	浙江⑥	福建⑦	山东⑧	广东⑨	广西⑩	海南⑪
宁夏	0.00	0.13	0.00	0.75	0.21	0.06	0.11	0.12	0.08	0.00	1.37

注：表第二行为 2015 年我国沿海地区滨海旅游国内客源总数。数据摘自《中国海洋统计年鉴 2016》。表第二列的第三行到末行为我国 30 个省区市 2015 年到天津滨海旅游人数占天津滨海旅游国内客源总数的百分比。表第三列到末列数据含义同第二列。

①天津滨海旅游国内客源市场分布数据摘自《天津市近海海洋综合调查与评价专项——天津市潜在滨海旅游评价与选划项目报告》，国家海洋局近海海洋综合调查专项。

②河北滨海旅游国内客源市场分布数据摘自《2012 年河北省境内游客抽样调查报告》，河北省旅游局网站。

③辽宁滨海旅游国内客源市场分布数据摘自李理《沿海旅游空间结构的构建研究——以辽宁为例》，硕士学位论文，沈阳师范大学，2008，第 48 页。

④上海滨海旅游国内客源市场分布数据摘自《上海市近海海洋综合调查与评价专项——上海市潜在滨海旅游评价与选划项目报告》，国家海洋局近海海洋综合调查与评价专项。

⑤江苏滨海旅游国内客源市场分布数据摘自勒诚等《江苏国内旅游客源市场空间结构研究》，《经济地理》2010 年第 12 期。

⑥浙江滨海旅游国内客源市场分布数据摘自《浙江旅游统计便览 2013》，浙江省统计局。

⑦福建滨海旅游国内客源市场分布数据摘自《2008 年福建省国内旅游客源市场调查报告》，福建省旅游局、福建省统计局。

⑧山东滨海旅游国内客源市场分布数据摘自史娜《山东省国内旅游客源市场研究》，硕士学位论文，山东大学，2006。

⑨广东滨海旅游国内客源市场分布数据摘自《广东近海海洋综合调查与评价专项——广东潜在滨海旅游评价与选划项目报告》，国家海洋局近海海洋综合调查与评价专项。

⑩广西滨海旅游国内客源市场分布数据摘自李丹枫《广西滨海旅游客源市场总体特征分析》，《宁德师专学报》2010 年第 3 期。

⑪海南滨海旅游国内客源市场分布数据摘自《2013 年海南省国内旅游客源市场抽样调查报告》，海南省政府网站。

表3-3 2015年我国沿海地区入境游客分布

单位：万人次

	天津	河北	辽宁	上海	江苏	浙江	福建	山东	广东	广西	海南
中国香港	4.69	3.59	3.68	41.90	4.14	6.31	8.72	5.15	26.95	9.47	5.97
中国澳门	0.31	1.36	0.88	1.65	0.47	1.84	0.87	1.40	3.02	2.10	0.43
中国台湾	4.83	3.67	3.17	59.47	7.91	9.91	17.53	5.11	3.87	11.00	9.49
日本	20.83	3.55	9.48	86.97	7.06	4.38	2.13	4.41	1.32	0.85	0.96
韩国	14.91	4.07	14.06	53.64	3.76	5.13	0.76	14.00	0.48	2.73	0.88
马来西亚	1.28	2.14	0.33	16.67	1.55	1.61	1.62	0.57	0.50	3.47	1.78
菲律宾	0.27	0.61	0.26	18.39	0.26	0.37	0.36	0.37	0.07	0.12	0.14
新加坡	2.11	2.11	0.88	16.53	1.56	1.03	1.30	0.91	0.35	1.44	4.12
泰国	0.29	0.72	0.14	7.46	0.57	0.77	0.25	0.16	0.16	1.17	0.52
美国	6.39	2.70	1.07	62.92	3.77	2.57	3.01	1.81	0.75	1.59	1.30
加拿大	0.85	1.39	0.31	14.20	1.43	0.75	0.34	0.52	0.13	1.02	0.40
英国	1.56	2.80	0.43	17.97	1.33	0.83	0.35	0.91	0.17	0.70	0.32
法国	0.99	2.54	0.30	18.09	0.92	0.76	0.22	0.62	0.15	1.13	0.34

续表

	天津	河北	辽宁	上海	江苏	浙江	福建	山东	广东	广西	海南
德国	2.29	2.56	0.46	25.00	2.01	0.97	0.33	0.85	0.11	0.79	0.58
俄罗斯	0.24	3.46	2.53	8.30	0.31	0.38	0.15	0.94	0.10	0.07	10.71
澳大利亚	1.50	1.04	0.32	17.00	1.23	0.70	0.38	0.57	0.18	0.65	0.38

注：表的第二列为 2015 年到天津人境游客人数。表第三列到末列数据含义同第二列。表中所有数据摘自《2016 年中国旅游统计年鉴》。

表 3 – 4 2015 年我国滨海旅游业交通碳足迹

单位：万吨

	境内滨海旅游交通碳足迹	入境滨海旅游交通碳足迹	滨海旅游交通碳足迹总量
天津	52.09	28.63	80.72
河北	491.58	27.76	519.34
辽宁	484.91	92.67	577.58
上海	1557.15	297.37	1854.52
江苏	1086.06	19.80	1105.86
浙江	7432.20	320.30	7752.50
福建	1127.47	222.39	1349.86
山东	2846.53	142.04	2988.57
广东	2473.83	551.79	3025.62
广西	212.77	28.27	241.04
海南	597.37	31.84	629.21

表 3 – 5 2015 年我国滨海旅游业交通碳足迹构成

单位：万吨，%

	滨海旅游交通碳足迹	滨海旅游航空客运碳足迹		滨海旅游铁路客运碳足迹	
		总量	占总量的比重	总量	占总量的比重
天津	80.72	28.63	35.47	52.09	64.53
河北	519.34	420.77	81.02	98.57	18.98
辽宁	577.58	577.58	100	0	0
上海	1854.52	1834.23	98.91	20.29	1.09
江苏	1105.86	1009.70	91.30	96.16	8.70
浙江	7752.50	7752.49	100	0.01	0

续表

	滨海旅游交通碳足迹	滨海旅游航空客运碳足迹		滨海旅游铁路客运碳足迹	
		总量	占总量的比重	总量	占总量的比重
福建	1349.86	1349.86	100	0	0
山东	2988.57	2844.77	95.19	143.80	4.81
广东	3025.62	3025.61	100	0.01	0
广西	241.04	222.66	92.37	18.38	7.63
海南	629.21	629.21	100	0	0
合计	20124.82	19695.51	97.87	429.31	2.13

表 3 - 6　不同类型住宿设施的 CO_2 排放情况

单位：千克

住宿设施类型	每床位每晚的 CO_2 的排放量
饭店	20.6
露营地	7.9
自助旅馆	19.0
度假村	14.3
度假别墅	15.9

资料来源：《中国能源统计年鉴 2016》《2006 年 IPCC 国家温室气体清单指南》[1]。

总量，m 为住宿类型，γ_i 为第 i 类住宿的二氧化碳排放系数，N_i 为第 i 类住宿的床位数，R_i 为第 i 类客房出租率。通过查阅《2016 年中国旅游统计年鉴（副本）》，可获得我国滨海旅游住宿情况的数据（见表 3 - 7）。

---

[1] 罗丹丹：《海岛地区旅游地碳足迹与可持续发展研究——以长海县为例》，硕士学位论文，辽宁师范大学，2012。

表 3 – 7   2015 年我国滨海旅游业住宿情况

单位：张，%

省份	五星级		四星级		三星级		二星级		一星级	
	床位数	客房出租率	床位数	客房出租率	床位数	客房出租率	床位数	客房出租率	床位数	客房出租率
天津	5548	43.44	12978	53.59	7727	47.93	1559	59.35	0	0
河北	9107	47.12	37960	49.31	40769	48.84	10530	42.72	328	47.45
辽宁	12568	54.88	23753	58.84	43032	50.78	14871	53.83	197	52.09
上海	34498	59.96	31069	62.39	24618	53.23	5553	63.34	96	51.47
江苏	31372	54.88	57808	57.69	53399	58.41	15074	64.18	0	0
浙江	32053	52.5	65037	57.02	68477	54.82	26513	52.99	1056	51.45
福建	18517	60.29	42388	57.02	31953	57.67	4763	53.17	53	79.36
山东	14266	53.64	51903	57.26	87266	54.73	15504	58.65	0	0
广东	60665	56.52	62978	57.8	101835	56.04	17955	58.12	358	40.53
广西	7162	47.98	24230	53.64	48846	58	11587	54.52	81	62.29
海南	13606	62.70	18216	57.62	15385	49.04	1292	55.05	406	51.90

资料来源：中华人民共和国国家旅游局编《2016 中国旅游统计年鉴（副本）》，中国旅游出版社，2016。

根据公式（3 – 4）及表 3 – 6、表 3 – 7 数据，可计算得到 2015 年我国滨海旅游业住宿碳足迹为 552 万吨。我国沿海省份滨海旅游业碳足迹，广东省最高，为 104 万吨，天津最低，为 105 万吨（见图 3 – 1）。

由于滨海旅游业住宿碳足迹仅与入住的人数相关，因此，可根据境内滨海旅游人数和入境滨海旅游人数的比重估计相应的碳足迹（见表 3 – 8）。

3. 滨海旅游业餐饮碳足迹

滨海旅游业餐饮碳足迹主要是指游客在滨海景区内的餐厅消耗食品所产生的碳足迹，其主要与游客人数、游客消耗

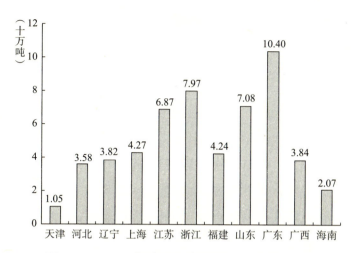

图 3-1 2015 年我国滨海旅游业住宿碳足迹

表 3-8 2015 年我国境内滨海旅游住宿碳足迹及入境
滨海旅游住宿碳足迹

省份	滨海旅游业住宿碳足迹（吨）	境内滨海旅游人数（万人次）	入境滨海旅游人数（万人次）	境内滨海旅游者住宿碳足迹（吨）	入境滨海旅游者住宿碳足迹（吨）
天津	105000	10605	63.33	104376.69	623.31
河北	358000	7016	38.31	356055.80	1944.20
辽宁	382000	17002	282.45	375757.63	6242.37
上海	427000	25990	466.16	419476.22	7523.78
江苏	687000	6601	28.32	684065.18	2934.82
浙江	797000	38902	739.36	782134.97	14865.03
福建	424000	14062.67	581.93	407151.58	16848.42
山东	708000	24114	295.72	699422.69	8577.31
广东	104000	19480	5415.84	813758.44	226241.56
广西	384000	3283	29.18	380617.00	3383.00
海南	207000	2209	55.50	201926.69	5073.31

的能源种类有关。计算模型为公式（3-5）[①]。

$$CF_f = N \times D \times \left[\sum (E_i \times \rho_i \times \alpha_i) \right] \qquad (3-5)$$

公式（3-5）中，CF_f 为滨海旅游业餐饮碳足迹，N 为滨海旅游者人次数，D 为旅游者平均旅游天数，E_i 为每位游客提供每天餐饮消耗的第 i 种能源的量，ρ_i 为第 i 种能源的热量折算系数，α_i 为第 i 种能源（以热量计）的碳排放系数。滨海旅游者餐饮采用的能源主要是管道煤气和液化石油气，在这里管道煤气和液化石油气的使用比例采用文献中的阐述（见表3-9）。[②]

表 3-9　滨海旅游业餐饮数据

能源	E_i（kg）	ρ_i（GJ/t）	α_i（t/GJ）
管道煤气	0.0387	16.329	0.055914
液化石油气	0.0600	50.200	0.073239

根据公式（3-5）、表3-9的参数以及表3-10中的滨海旅游者人次数据，可计算得到2015年我国滨海旅游餐饮碳足迹为15.72万吨。其中，境内滨海旅游餐饮碳足迹为14.95万吨，占95.13%，入境滨海旅游餐饮碳足迹为0.77万吨，占4.88%（见表3-10）。

4. 滨海旅游业娱乐碳足迹

由于滨海旅游娱乐碳足迹统计数据较为缺乏，可采用基于终端消费的旅游业碳足迹计算模型进行估算。基于终端消

---

① 肖建红、于爱芬、王敏：《旅游过程碳足迹评估——以舟山群岛为例》，《旅游科学》2011年第8期。

② 肖建红、于爱芬、王敏：《旅游过程碳足迹评估——以舟山群岛为例》，《旅游科学》2011年第8期。

表 3 - 10　2015 年我国滨海旅游业餐饮碳足迹

地区	境内滨海旅游人数（万人次）	入境滨海旅游人数（万人次）	境内滨海旅游平均停留（天）	入境滨海旅游平均停留（天）	境内滨海旅游餐饮碳足迹（万吨）	入境滨海旅游餐饮碳足迹（万吨）	滨海旅游餐饮碳足迹（万吨）
天津	10605	63.33	2.5	14.15	0.937	0.032	0.968
河北	7016	38.31	2.5	2.58	0.620	0.003	0.623
辽宁	17002	282.45	2.5	3.37	1.502	0.034	1.535
上海	25990	466.16	2.5	3.34	2.296	0.055	2.351
江苏	6601	28.32	2.5	4.28	0.583	0.004	0.587
浙江	38902	739.36	2.5	2.72	3.436	0.071	3.507
福建	14062.67	581.93	2.5	4.37	1.242	0.090	1.332
山东	24114	295.72	2.5	3.05	2.130	0.032	2.162
广东	19480	5415.84	2.5	2.3	1.721	0.440	2.161
广西	3283	29.18	2.5	1.86	0.290	0.002	0.292
海南	2209	55.5	2.5	2.46	0.195	0.005	0.200

　　注：1. 境内滨海旅游人数是根据沿海地区 2016 年统计公报和《中国海洋统计年鉴 2015》估算得到；2. 境内滨海旅游平均停留天数是根据国家海洋局近海海洋综合调查与评价专项沿海省"潜在滨海旅游区评价与选划"项目调查成果获得。以广西滨海旅游为例，游客中旅游时间在 1～4 天的占 76.22%。这是由于大多数游客来自本地区，因此旅游时间不会太长。为方便计算，这里各沿海境内滨海旅游平均停留时间统一定为 2.5 天。

　　资料来源：入境滨海旅游人数和入境滨海旅游平均停留时间摘自《2016 年中国旅游统计年鉴》，中华人民共和国国家旅游局编，中国旅游出版社。

费的旅游碳足迹[①]内涵主要包括以下几点。①旅游碳足迹的主体是游客，旅游产品的消费者是游客，旅游活动的主体也是游客。因此，承担碳排放责任的也是游客。②滨海旅游业碳足迹既包括直接碳足迹，也包括间接碳足迹。直接碳足迹是指滨海旅游活动中的包括能源消费和运输等在内的化石燃

———————

① 樊杰、李平星、梁育填：《个人终端消费导向的碳足迹研究框架——支撑我国环境外交的碳排放研究新思路》，《地球科学进展》2010 年第 1 期。

料燃烧引起的碳排放。间接碳足迹是指滨海旅游产品和服务在其生产、使用、降解过程中的碳排放。③产品和生产者、消费者在空间和时间的分离，导致事实碳排放和责任碳排放在空间和时间上是分离的。[①] ④滨海旅游碳足迹的终端消费包括游客从客源地到目的地再回到客源地的整个旅游过程的生理消费和游憩消费。

影响滨海旅游活动中碳排放的因素主要有：旅游人次、旅游消费水平、能源用量、单位能源用量的碳排放量。根据终端消费导向原则，滨海旅游六要素中每个要素的 CO_2 排放量采用转换计算方法，即利用旅游收入、单位旅游收入产出的能耗量及 CO_2 与能源的换算比（K_e）获得。据此，滨海旅游业娱乐碳足迹模型可以表述为公式（3-6）。

$$CF_e = ET_e \cdot E_e \cdot K_e \qquad (3-6)$$

公式（3-6）中，CF_e 为滨海旅游业娱乐碳足迹，ET_e 为滨海旅游业娱乐收入，E_e 为滨海旅游业娱乐的万元耗能量，这里取值为 0.188 千克/万元，K_e 为滨海旅游业娱乐收入的单位能源用量碳排放量，在这里取值为 2.45 吨 CO_2/吨标准煤。[②]

根据公式（3-6）及我国滨海旅游娱乐收入（见表3-11），可得到 2015 年我国境内滨海旅游业娱乐碳足迹和入境滨海旅游业娱乐碳足迹，并得到滨海旅游业娱乐总的碳足迹（见表 3-12）。

---

① 樊杰、李平星、梁育填：《个人终端消费导向的碳足迹研究框架——支撑我国环境外交的碳排放研究新思路》，《地球科学进展》2010 年第 1 期。

② 陈飞、诸大建：《低碳城市研究的内涵、模型与目标策略确定》，《城市规划学刊》2009 年第 4 期。

表 3 – 11　2015 年我国滨海旅游娱乐收入

地区	入境游客娱乐人均花费（美元/天）	接待入境人数（万人次）	入境平均停留（天）	境内游客娱乐人均花费（元/人次）	接待境内游客人数（万人次）	滨海旅游娱乐收入（万元）
天津	62.70	63.33	14.15	16.21	10605	189307.70
河北	27.96	38.31	2.58	16.21	7016	105697
辽宁	31.57	282.45	3.37	16.21	17002	448733
上海	49.04	466.16	3.34	16.21	25990	669374
江苏	42.23	28.32	4.28	16.21	6601	423330.80
浙江	46.33	739.36	2.72	16.21	38902	772581
福建	39.14	581.93	4.37	16.21	14062.67	433586.70
山东	38.58	295.72	3.05	16.21	24114	521284.70
广东	24.24	5415.84	2.30	16.21	19480	881289.30
广西	34.40	29.18	1.86	16.21	3283	95759.28
海南	39.57	55.50	2.46	16.21	2209	33313.65

　　注：境内游客娱乐人均天花费是根据国家旅游局政策法规司编写的《旅游抽样调查资料 2016》（中国旅游出版社）数据估算得到。即境内游客娱乐人均花费 =（境内城镇居民出游人数/境内旅游人数总数）× 城镇居民境内一日游娱乐花费 +（境内农村居民出游人数/境内旅游人数总数）× 农村居民境内一日游娱乐花费。

　　资料来源：中华人民共和国国家旅游局：《2016 年中国旅游统计年鉴》，中国旅游出版社，2016。

表 3 – 12　2015 年我国境内滨海旅游娱乐碳足迹及入境滨海旅游娱乐碳足迹

单位：万吨

地区	娱乐碳足迹	境内滨海旅游娱乐碳足迹	入境滨海旅游娱乐碳足迹
天津	17.48	12.77	4.71
河北	8.93	8.45	0.48
辽宁	27.27	20.48	6.79
上海	45.27	31.31	13.96
江苏	8.82	7.95	0.87

续表

地区	娱乐碳足迹	境内滨海旅游娱乐碳足迹	入境滨海旅游娱乐碳足迹
福建	38.49	16.94	21.55
浙江	60.31	46.86	13.45
山东	35.39	29.05	6.34
广东	92.53	23.46	69.07
广西	4.31	3.95	0.36
海南	3.15	2.66	0.49

5. 滨海旅游业购物碳足迹

滨海旅游购物碳足迹是滨海旅游者在采购旅游商品过程中消耗能源所产生的碳足迹，其中包含商品能源消耗和商场设施、设备与用电消耗。根据调研结果①，滨海旅游者所购物的商场分为大型商场和小商店。大型商场能源传输距离长、转换设备多、耗电量大，假设每天运行 12 小时、耗电量 1500 度，每小时顾客量 100 人，则每人每小时购物的碳足迹为：$1500/(12 \times 100) \times 0.785 = 0.98125kg$；个体商店每天 12 小时营业、耗电量约为 3 度，每小时顾客量 30 人，则每人每小时购物的碳足迹为：$3/(12 \times 30) \times 0.785 = 0.00654kg$。根据调查，滨海旅游者到沿海地区景区的中大型商场中购物少，多为到小型商店购物，两者比例约为 1∶4，则每人每小时购物的碳足迹为 0.201466kg。另外，根据调查，滨海旅游者每天平均购物 1 小时。

根据我国境内滨海旅游人数、入境滨海旅游人数以及停留时间，可得到滨海旅游业购物碳足迹（见表 3－13）。

---

① 《福建省近海海洋综合调查与评价专项——潜在滨海旅游区评价与选划项目报告》，国家海洋局近海海洋综合调查与评价专项。

表 3 – 13　2015 年我国滨海旅游业购物碳足迹

地区	境内滨海旅游人数（万人次）	入境滨海旅游人数（万人次）	境内滨海旅游平均停留时间（天）	入境滨海旅游平均停留时间（天）	境内滨海旅游购物碳足迹（万吨）	入境滨海旅游购物碳足迹（万吨）	滨海旅游购物碳足迹（万吨）
天津	10605	63.33	2.5	14.15	5.34	0.18	5.52
河北	7016	38.31	2.5	2.58	3.53	0.02	3.55
辽宁	17002	282.45	2.5	3.37	8.56	0.19	8.75
上海	25990	466.16	2.5	3.34	13.09	0.31	13.40
江苏	6601	28.32	2.5	4.28	3.32	0.02	3.34
浙江	38902	739.36	2.5	2.72	19.59	0.41	20.00
福建	14062.67	581.93	2.5	4.37	7.08	0.51	7.59
山东	24114	295.72	2.5	3.05	12.15	0.18	12.33
广东	19480	5415.84	2.5	2.30	9.81	2.51	12.32
广西	3283	29.18	2.5	1.86	1.65	0.01	1.66
海南	2209	55.50	2.5	2.46	1.11	0.03	1.14

6. 滨海旅游业游览碳足迹

对于旅游者在游览中的碳排放，可采用已有研究成果进行近似估计。参考石培华、Becken 及 Becken 等的研究，滨海旅游业游览碳足迹的具体计算模型为公式（3 – 7）[1][2][3][4]。

---

[1]　石培华、吴普：《中国旅游业能源消耗与 CO_2 排放量的初步估算》，《地理学报》2011 年第 2 期。

[2]　Becken, S., "Analyzing International Tourist Flows to Estimate Energy Use Associated with Air," *Journal of Sustainable Tourism*, 2002, 10 (2), pp. 114 – 131.

[3]　Becken, S., Frampton, C., Simmons, D., "Energy Consumption Patterns in the Accommodation Sector-the New Zealand Case," *Ecological Economics*, 2001, (39), pp. 371 – 386.

[4]　Becken, S., Simmons, D., Frampton, C., "Energy Use Associated with Different Travel Choices," *Tourism Management*, 2003, 24 (3), pp. 267 – 277.

$$CF_{ss} = N \times w \times le \qquad (3-7)$$

公式（3-7）中：CF_{ss} 为滨海旅游业游览碳足迹；N 为沿海地区滨海旅游者人次数；w 为沿海地区滨海旅游者中游览人数所占比重。根据《中国旅游统计年鉴 2016》估算，境内滨海旅游者中游览人数占境内滨海旅游总人数的比重取 25%，入境滨海旅游者中游览人数占入境滨海旅游者总人数的比重取 38.5%；le 表示平均每位旅游者每天游览活动的 CO_2 排放量，这里取 417 克。[①]

根据公式（3-7）以及表 3-10 中境内滨海旅游人数、入境滨海旅游人数、境内滨海旅游平均停留时间、入境滨海旅游平均停留时间的数据，可以计算出 2015 年我国境内滨海旅游游览碳足迹、入境滨海旅游游览碳足迹以及我国滨海旅游游览总碳足迹量（见表 3-14）。

表 3-14　2015 年我国境内滨海旅游游览碳足迹及入境滨海旅游游览碳足迹

单位：万吨

地区	游览碳足迹	境内滨海旅游游览碳足迹	入境滨海旅游游览碳足迹
天津	2.908	2.764	0.144
河北	1.845	1.829	0.016
辽宁	4.584	4.431	0.153
上海	7.024	6.774	0.250
江苏	1.739	1.720	0.019
浙江	10.462	10.139	0.323

---

① 石培华、吴普：《中国旅游业能源消耗与 CO_2 排放量的初步估算》，《地理学报》2011 年第 2 期。

续表

地区	游览碳足迹	境内滨海旅游游览碳足迹	入境滨海旅游游览碳足迹
福建	4.073	3.665	0.408
山东	6.430	6.285	0.145
广东	7.077	5.077	2.000
广西	0.865	0.856	0.009
海南	0.598	0.576	0.022

7. 我国滨海旅游业碳足迹的结论

根据以上研究，2015年我国滨海旅游业碳足迹总量为21171.64万吨。滨海旅游业六大部门的碳足迹依次为：滨海旅游交通碳足迹20124.82万吨，占总量的95.06%；住宿碳足迹551.90万吨，占总量的2.61%；娱乐碳足迹341.96万吨，占总量的1.62%；购物碳足迹89.63万吨，占总量的0.42%；游览碳足迹47.61万吨，占总量的0.22%；餐饮碳足迹15.72万吨，占总量的0.07%（见图3-2）。

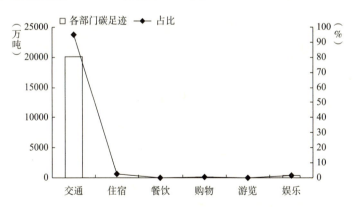

图3-2　2015年我国滨海旅游六部门碳足迹分布

从我国滨海旅游业碳足迹的测算结果可见，滨海旅游业碳足迹中交通碳足迹是最重要的组成部分，是我国滨海旅游业碳足迹的主体。这从我国境内滨海旅游碳足迹构成（见表 3 - 15）、入境滨海旅游碳足迹构成（见表 3 - 17）、人均境内滨海旅游碳足迹（见表 3 - 16）和人均入境滨海旅游碳足迹（见表 3 - 18）的测算结果也同样可以看到。

在我国滨海旅游业食、住、行、游、购、娱六大部门的碳足迹比例中，最高者为交通，最低者为餐饮。交通、住宿和娱乐是碳排放的三个主要部门，分别占 95.06%、2.61%、1.62%，合占 99.29%。这与 UNWTO 等得出的全球旅游业碳排放主要来自交通（71%）、住宿（24%）和游览（5%）①的结论基本一致，但又有差异，主要表现在如下两个方面。首先，主要部门不相同，娱乐取代了游览，显示滨海旅游者对娱乐的偏好在碳排放上得以体现。其次，滨海旅游业的交通碳足迹所占比例较高，而其他 5 个部门碳足迹之和占碳足迹总量的 4.94%。总的来说我国滨海旅游业与全球旅游业碳排放的特征有差异，说明滨海旅游业本身具有低碳特征。

我国滨海旅游业涵盖的社会部门较多，减排环节也相对复杂。滨海旅游业碳排放的来源并不集中于少数几个部门，各部门对碳排放均负有较大责任。因此，滨海旅游业节能减排不仅需要考虑交通、住宿 2 个公认部门，更需从全局视角考虑各部门的共同分担。

滨海旅游业的碳排放与国家节能减排的政策措施息息相关，控制能源消耗、降低单位能耗比、调整能源结构等措施的推广与实施，能有效降低滨海旅游业的碳排放。旅游交通是我国滨海旅游业减排的关键行业和重点部门，而其中旅游

---

① Scott, D., Amelung, B., Becken, S., et al., "Climate Change and Tourism: Responding to Global Challenges," World Tourism Organization, Madrid, 2008, p. 230.

者航空出行所造成的碳足迹占主要比重。而滨海旅游景区是滨海旅游住宿、娱乐、购物、娱乐、游览这五类滨海旅游活动的主要行为场所和载体。因此，这五类滨海旅游活动的碳减排，则需要通过科学规划滨海旅游景区来实现。

根据测算，我国沿海地区境内滨海旅游总碳足迹从大到小依次为：浙江、山东、广东、上海、福建、江苏、海南、辽宁、河北、广西、天津（见表 3 - 15）。人均境内滨海旅游碳足迹从大到小依次为：海南、浙江、江苏、广东、山东、福建、广西、河北、上海、辽宁、天津（见表 3 - 16）。

根据测算，我国沿海地区入境滨海旅游总碳足迹从高到低依次为：广东、浙江、上海、福建、山东、辽宁、天津、海南、广西、河北、江苏（见表 3 - 17）。人均入境滨海旅游碳足迹从高到低依次为：广西、河北、江苏、上海、海南、天津、山东、浙江、福建、辽宁、广东（见表 3 - 18）。

11 个沿海省、自治区、直辖市境内滨海旅游碳足迹占各自地区碳足迹总量的比重在 70% ~ 95%（见表 3 - 15、表 3 - 17、表 3 - 19），境内滨海旅游者是碳排放的主要来源（见图 3 - 3）。在滨海旅游者人均碳足迹方面，人均境内滨海旅游碳足迹与人均入境滨海旅游碳足迹相比较低。这一事实说明，境内滨海旅游者尚需要大量的碳排放空间，以保障其享受滨海旅游福利。这正如有关研究所指出："高收入国家对碳排放的需求增量较为有限，而低收入国家尚需要大量的碳排放空间，来实现其人文发展的潜力。"[1] 因此，海南、浙江等人均滨海旅游业碳足迹高的沿海地区应承担较大的减

---

[1] Pan Jiahua, "A Conceptual Framework for Understanding Human Development Potential: With Empirical Analysis of Global Demand for Carbon Emissions," *Social Sciences in China*, 2002, (1), pp. 15 – 25.

排责任。

我国沿海 11 个省、自治区、直辖市碳足迹总量差异非常显著（见表 3 - 20、图 3 - 4）。从图 3 - 4 可以看到，滨海旅游业碳足迹与地区旅游总收入存在高度相关的关系。上海、浙江、广东旅游总收入高的地区是滨海旅游业碳足迹的主要来源区。

表 3 - 15　2015 年我国沿海地区境内滨海旅游碳足迹构成

单位：万吨

省份	境内滨海旅游总碳足迹	交通	住宿	餐饮	购物	游览	娱乐
天津	84.34	52.09	10.44	0.937	5.34	2.764	12.77
河北	541.62	491.58	35.61	0.620	3.53	1.829	8.45
辽宁	557.46	484.91	37.58	1.502	8.56	4.431	20.48
上海	1652.57	1557.15	41.95	2.296	13.09	6.774	31.31
江苏	1168.04	1086.06	68.41	0.583	3.32	1.720	7.95
浙江	7590.44	7432.20	78.21	3.436	19.59	10.139	46.86
福建	1197.12	1127.47	40.72	1.242	7.08	3.665	16.94
山东	2966.09	2846.53	69.94	2.130	12.15	6.285	29.05
广东	2595.28	2473.83	81.38	1.721	9.81	5.077	23.46
广西	257.58	212.77	38.06	0.290	1.65	0.856	3.95
海南	622.10	597.37	20.19	0.195	1.11	0.576	2.66
合计	19232.64	18361.96	522.49	14.952	85.23	44.116	203.88

表 3 - 16　2015 年我国沿海地区人均境内滨海旅游碳足迹

单位：千克/人次

省份	境内滨海旅游人均碳足迹	交通	住宿	餐饮	购物	游览	娱乐
天津	7.95	4.91	0.98	0.09	0.50	0.26	1.20

续表

省份	境内滨海旅游人均碳足迹	交通	住宿	餐饮	购物	游览	娱乐
河北	77.20	70.07	5.08	0.09	0.50	0.26	1.20
辽宁	32.79	28.52	2.21	0.09	0.50	0.26	1.20
上海	63.58	59.91	1.61	0.09	0.50	0.26	1.20
江苏	176.95	164.53	10.36	0.09	0.50	0.26	1.20
浙江	195.12	191.05	2.01	0.09	0.50	0.26	1.20
福建	85.13	80.17	2.90	0.09	0.50	0.26	1.20
山东	123.00	118.04	2.90	0.09	0.50	0.26	1.20
广东	133.23	126.99	4.18	0.09	0.50	0.26	1.20
广西	78.46	64.81	11.59	0.09	0.50	0.26	1.20
海南	281.62	270.43	9.14	0.09	0.50	0.26	1.20

表 3 – 17 2015 年我国沿海地区入境滨海旅游碳足迹构成

单位：万吨

省份	入境滨海旅游总碳足迹	交通	住宿	餐饮	购物	游览	娱乐
天津	33.76	28.63	0.06	0.032	0.18	0.144	4.71
河北	28.47	27.76	0.19	0.003	0.02	0.016	0.48
辽宁	100.46	92.67	0.62	0.034	0.19	0.153	6.79
上海	312.70	297.37	0.75	0.055	0.31	0.250	13.96
江苏	20.71	19.80	0.29	0.004	0.02	0.019	0.87
浙江	336.04	320.30	1.49	0.071	0.41	0.323	13.45
福建	246.63	222.39	1.68	0.090	0.51	0.408	21.55
山东	149.59	142.04	0.86	0.032	0.18	0.145	6.34
广东	648.43	551.79	22.62	0.440	2.51	2.000	69.07
广西	28.99	28.27	0.34	0.002	0.01	0.009	0.36

续表

省份	入境滨海旅游总碳足迹	交通	住宿	餐饮	购物	游览	娱乐
海南	32.39	31.84	0.51	0.005	0.03	0.022	0.49
合计	1938.17	1762.86	28.55	0.768	4.37	3.489	138.07

表 3-18　2015 年我国沿海地区人均入境滨海旅游碳足迹

单位：千克/人次

省份	入境滨海旅游人均碳足迹	交通	住宿	餐饮	购物	游览	娱乐
天津	533.08	452.08	0.95	0.51	2.84	2.27	74.37
河北	743.15	724.61	4.96	0.08	0.52	0.42	12.53
辽宁	355.67	328.09	2.20	0.12	0.67	0.54	24.04
上海	670.80	637.91	1.61	0.12	0.67	0.54	29.95
江苏	731.29	699.15	10.24	0.14	0.71	0.67	30.72
浙江	454.50	433.21	2.02	0.10	0.55	0.44	18.19
福建	423.81	382.16	2.89	0.15	0.88	0.70	37.03
山东	505.85	480.32	2.91	0.11	0.61	0.49	21.44
广东	119.73	101.88	4.18	0.08	0.46	0.37	12.75
广西	993.49	968.81	11.65	0.07	0.34	0.31	12.34
海南	583.60	573.69	9.12	0.09	0.54	0.40	8.83

　　根据测算，我国沿海地区境内滨海旅游总碳足迹都大于其入境滨海旅游碳足迹（见图 3-3）。

　　汇总我国境内滨海旅游碳足迹和入境滨海旅游碳足迹数据，可得到我国沿海地区滨海旅游总碳足迹（见表 3-19）。我国沿海地区滨海旅游业总碳足迹从高到低依次为：浙江、广东、山东、上海、福建、江苏、辽宁、海南、河北、广西、天津。

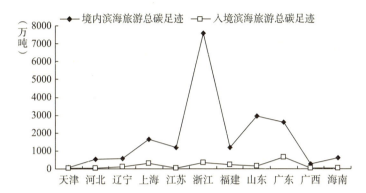

图 3 - 3 2015 年我国沿海地区滨海旅游碳足迹分布

表 3 - 19 2015 年我国沿海地区滨海旅游业碳足迹构成

单位：万吨

省份	滨海旅游总碳足迹	交通	住宿	餐饮	购物	游览	娱乐
天津	118.10	80.72	10.5	0.969	5.52	2.908	17.48
河北	570.09	519.34	35.8	0.623	3.55	1.845	8.93
辽宁	657.92	577.58	38.2	1.536	8.75	4.584	27.27
上海	1965.27	1854.52	42.7	2.351	13.40	7.024	45.27
江苏	1189.05	1105.86	68.7	0.587	3.34	1.739	8.82
浙江	7926.48	7752.50	79.7	3.507	20	10.462	60.31
福建	1443.75	1349.86	42.4	1.332	7.59	4.073	38.49
山东	3115.68	2988.57	70.2	2.162	12.33	6.430	35.39
广东	3243.71	3025.62	104	2.161	12.32	7.077	92.53
广西	286.57	241.04	38.4	0.292	1.66	0.865	4.31
海南	655.00	629.21	20.7	0.200	1.14	0.598	3.15
合计	21170.81	20124.82	551.9	15.72	89.6	47.605	341.95

表 3 – 20　2015 年我国沿海地区滨海旅游业碳足迹与
滨海旅游总收入

单位：万吨，亿元

省份	滨海旅游业总碳足迹	滨海旅游总收入
天津	118.10	523
河北	570.09	471.09
辽宁	657.92	2705
上海	1965.27	3298.90
江苏	1188.75	531.60
浙江	7926.48	5003.01
福建	1443.75	1841.32
山东	3115.68	2636.28
广东	3243.71	4597.04
广西	286.57	238.43
海南	654.49	353.49

注：表中沿海地区（省、自治区、直辖市）滨海旅游总收入的核算采用了将沿海地级市旅游总收入加总的方法得到。

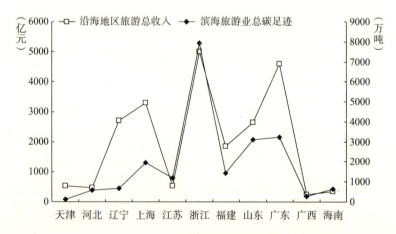

图 3 – 4　2015 年我国滨海旅游业总碳足迹与
沿海地区旅游总收入

二　我国滨海旅游业低碳化发展水平评价

本部分在对我国沿海地区滨海旅游业各部门碳足迹状况进行量化测度的基础上，从我国沿海地区滨海旅游业的发展能力、低碳消费、低碳产出、低碳环境、低碳设施、低碳政策六个方面，构建我国沿海地区滨海旅游业低碳化发展水平评价指标体系，运用熵值法，对我国沿海地区滨海旅游业低碳化发展程度进行评价。

（一）指标体系的构建

指标体系是定量测度经济体发展水平的手段，但任何指标体系仅能在一定程度上反映经济体的发展水平。因此，对于构建我国滨海旅游业低碳化发展水平评价指标体系，需要参照相关的较为权威的文献。庄贵阳等提出："评价一个经济体低碳转型的基础时要考虑四个核心要素，即资源禀赋、技术进步、消费模式和发展阶段。根据核心要素构建的低碳经济指标体系包括低碳产出指标、低碳消费指标、低碳资源指标、低碳政策指标。其中，低碳产出指标表征低碳技术水平；低碳消费指标表征消费模式；低碳资源指标表征低碳资源禀赋及开发利用情况；低碳政策指标表征向低碳经济转型的努力程度。在每个层面下，遴选一个或多个核心指标并赋予相应的阈值或定性描述。"[①] 刘佳、赵金金构建了包括目标层、准则层和指标层的旅游业低碳化发展水平

[①]　庄贵阳、潘家华、朱守先：《低碳经济的内涵及综合评价指标体系构建》，《经济学动态》2011 年第 1 期。

评价指标体系。目标层为旅游产业低碳化发展水平。准则层包括旅游产业发展能力、低碳消费、低碳产出、低碳环境、低碳设施支撑、低碳政策支持六类指标。每类指标遴选多个核心指标进行具体表述。[①]

　　根据以上有关低碳经济和旅游业低碳化发展较为权威文献提供的构建评价指标体系的原则，分析我国滨海旅游业的特征，进而构建低碳化发展水平评价指标体系。衡量我国沿海地区滨海旅游业是否具备低碳发展特质，关键在于滨海旅游资源禀赋、技术水平、消费方式等方面是否具备低碳发展的潜力。针对滨海旅游业低碳化发展的构成要素及其各要素的相互关系，并考虑数据的可获得性、合理性和可测度性，此处基于目标层、准则层和指标层构建滨海旅游业低碳化发展水平评价指标体系（见表 3-21）。目标层为滨海旅游业低碳化发展水平；准则层包括发展能力指标、低碳消费指标、低碳产出指标、低碳环境指标、低碳设施支撑指标。其中，发展能力指标反映滨海旅游业发展过程中的滨海旅游发展水平，低碳消费指标反映滨海旅游业低碳化发展的消费模式，低碳产出指标反映滨海旅游业各部门的碳排放量，低碳环境指标反映滨海旅游业减碳节能和环境保护能力，低碳设施支撑指标反映滨海旅游基础设施对滨海旅游业低碳化发展的支撑作用。对于每类准则层指标遴选出多个典型指标构成指标层。如准则层发展能力指标的指标层包括滨海旅游业增加值、滨海旅游业增加值增长率、滨海旅游业增加值占地方生产总值比重等。

---

① 刘佳、赵金金：《旅游产业低碳化发展水平评价与测度——以青岛市为例》，《经济管理》2012 年第 6 期。

表 3 – 21　滨海旅游业低碳化发展水平评价指标体系

目标层	准则层	指标层	准则层	指标层
滨海旅游业低碳化发展水平 Z	发展能力指标 A	滨海旅游业增加值（A_1）（亿元）	低碳环境指标 D	空气质量优良率（D_1）（%）
		滨海旅游业增加值增长率（A_2）（%）		森林覆盖率（D_2）（%）
		滨海旅游业增加值占地方生产总值比重（A_3）（%）		城市污水处理率（D_3）（%）
		滨海旅游业从业人数（A_4）（人）		工业固体废物综合利用率（D_4）（%）
	低碳消费指标 B	城市清洁能源使用率（B_1）（%）		生活垃圾无害化处理率（D_5）（%）
		单位滨海旅游业增加值能耗（B_2）（吨标准煤/万元）		环保投资金额占地区生产总值比重（D_6）（%）
	低碳产出指标 C	滨海旅游交通碳足迹（C_1）（10^4吨）	低碳设施支撑指标 E	路网密度（E_1）（千米/万平方千米）
		滨海旅游住宿碳足迹（C_2）（10^4吨）		公共汽车、电车营运车辆（E_2）（标台）
		滨海旅游餐饮碳足迹（C_3）（10^4吨）		旅游公共厕所个数（E_3）（座）
		滨海旅游购物碳足迹（C_4）（10^4吨）		环境友好饭店数量（E_4）（座）
		滨海旅游游览碳足迹（C_5）（10^4吨）		
		滨海旅游娱乐碳足迹（C_6）（10^4吨）		

（二）指标权重确定的方法

指标权重是各个指标在滨海旅游业低碳化发展水平评价指标体系中相对重要性的数量度量。在多指标综合评价中，确定指标权重是重要的环节。其方法主要有两类，即主观赋权法和客观赋权法。主观赋权法是一类根据评价者主观上对各指标的重视程度来决定权重的方法；客观赋权法所依据的赋权原始信息来源于客观环境，它根据各指标联系的紧密程度或各指标所提供的信息量来决定指标的权重。客观赋权法有熵值法、主成分分析法、因子分析法、复相关系数法等。

对于我国滨海旅游业低碳化发展水平评价指标体系各指标的权重，可选用熵值法确定，原理如下。

设有 m 项评价指标，n 个待评方案，形成原始指标数据矩阵 $X = (x_{ij})_{m \times n}$，对于某项指标 x_j，指标值 x_{ij} 的差距越大，则该指标在综合评价中所起的作用就越大；如果某项指标的指标值全部相等，则该指标在综合评价中不起作用。在信息论中，信息熵 $H(x) = -\sum_{i=1}^{n} p(x_i) \ln p(x_i)$ 是系统无序程度的度量，信息是系统有序程度的度量，二者绝对值相等，符号相反。某项指标的值变异程度越大，信息熵越小，该指标提供的信息量就越大，该指标的权重也应越大；反之，某项指标的值变异程度越小，信息熵越大，该指标提供的信息量就越小，该指标的权重也应越小。所以，可以根据各项指标的值的变异程度，利用信息熵这个工具，计算出各指标的权重，为多指标综合评价提供依据。用熵值法进行综合评价的步骤如下。

①对正向指标和负向指标数据采用对应的无量纲标准化方法进行处理，公式为（3 – 8）。

$$p_{ij} = \frac{x_{ij} - \min\limits_{1 \leq j \leq n} x_{ij}}{\max\limits_{1 \leq j \leq n} x_{ij} - \min\limits_{1 \leq j \leq n} x_{ij}} \text{或} \ p_{ij} = \frac{\max\limits_{1 \leq j \leq n} x_{ij} - x_{ij}}{\max\limits_{1 \leq j \leq n} x_{ij} - \min\limits_{1 \leq j \leq n} x_{ij}} \quad (3-8)$$

为避免对数值结果无意义，对标准化的值进行以下处理：

$$r_{ij} = y_{ij} + 0.01$$

②计算第 i 项指标的熵值 e_i，公式为（3 - 9）。

$$e_i = -k \sum_{j=1}^{n} f_{ij} \ln f_{ij} \qquad (3-9)$$

其中，$f_{ij} = \dfrac{r_{ij}}{\sum\limits_{j=1}^{n} r_{ij}}$，$k = \dfrac{1}{\ln n}$（$n$ 为样本数）。

③计算第 i 项指标的权重 w_i，公式为（3 - 10）。

$$w_i = \dfrac{1 - e_i}{m - \sum\limits_{i=1}^{m} e_i} \qquad (3-10)$$

其中，$0 \leqslant w_i \leqslant 1$，$\sum\limits_{i=1}^{m} w_i = 1$。

（三）评价模型的选择

采用多指标综合指数模型对我国滨海旅游业低碳化发展水平进行量化测算。该方法能有效地体现出指标系统性、层次性和可操作性原则，并能直观显示评价结果。具体测算模型为公式（3 - 11）。

$$Z = \sum_{i=1}^{n} w_i \left(\sum_{j=1}^{m} w_{ij} x_{ij} \right) \qquad (3-11)$$

其中，Z 为目标层的指标指数值；w_i 是准则层指标的权重；n 是目标层所包含的准则层指标个数；m 是准则层第 i 个指标所包含的指标层指标个数；x_{ij} 为第 j 年第 i 个指标的标准化值；w_{ij} 是指标层的指标权重。由于层次分析法和熵值法确定权重的视角不同，为了更加客观地反映滨海旅游业低碳化发展水平，消除主观判断影响和客观数据处理的不足，这里分别采用层次分析法和熵值法确定滨海旅游业低碳化发展水平综合指数值，即将两类方法确定的指数值进行算术平均加权，获得综合指数值评价结果。

（四）我国沿海地区滨海旅游业低碳化发展水平评价结果

1. 数据来源及处理

指标原始数据主要源自《2016 年中国海洋经济统计公报》，2016 年沿海各省、自治区、直辖市统计年鉴，以及《2016 中国环境统计年鉴》《中国能源统计年鉴 2016》等相关资料，能够保证指标数据的客观、合理和真实。表 3 – 21 中部分指标的意义如下。

（1）能源指标数据来自《中国能源统计年鉴 2016》，其中，旅游能源消耗采用交通运输、仓储和邮政业能源消费量与批发、零售及餐饮住宿业能源消费量之和乘以一个相对比例得到。根据 2016 年沿海各省、自治区、直辖市统计年鉴中旅游业增加值和第三产业增加值数据，这个相对比例采用旅游业增加值/第三产业增加值估算，为 15%。

（2）城市清洁能源使用率是指城市地区清洁能源使用量与地区终端能源消费总量之比，能源使用量均按标准煤计算。城市清洁能源包括用作燃烧的天然气、焦炉煤气、其他煤气、炼化石油气等清洁燃气和低硫轻柴油等清洁燃料。

（3）空气质量优良率采用空气质量达到二级以上天数占全年比重（%）。

（4）工业固体废物综合利用率 = 工业固体废物综合利用量（万吨）/工业固态废物产出量（万吨）。

（5）城市污水处理率 = 污水处理量（万吨）/污水年排放量（万吨）。

（6）路网密度采用铁路路网密度（千米/万平方千米）。铁路路网密度是指区域内所有铁路的总长度与区域总面积之比。

根据公式（3 - 8）和表 3 - 22，可得到指标数据的标准化值（见表 3 - 23）。

根据熵值法，运用表 3 - 23 的数据，可以得到滨海旅游业低碳化发展程度的评价权重（见表 3 - 24）。

2. 评价结果及分析

根据表 3 - 24，从我国滨海旅游业低碳化发展水平评价指标体系中各个指标的权重可看出，低碳产出指标和低碳环境指标对滨海旅游业低碳化发展水平的影响最为显著，其他依次为发展能力指标、低碳设施支撑指标和低碳消费指标。

根据表 3 - 23 和表 3 - 24，可得到滨海旅游业低碳化发展水平综合指数评价结果，即天津 0.5833，河北 0.5574，辽宁 0.5153，上海 0.4689，江苏 0.6296，浙江 0.4854，福建 0.6069，山东 0.5246，广东 0.4194，广西 0.5618，海南 0.5331（见表 3 - 25）。其中，综合指数评价结果中最大值为 0.6296，最小值为 0.4194。依据组距（0.6296 - 0.4194）/3 = 0.0701，结合我国滨海旅游业低碳化发展的实际情况，确定我国滨海旅游业低碳化发展水平评价标准，具体划分为四个等级：当 $T \leq 0.4195$，滨海旅游业低碳化发展水平处于"较低"等级；当 $0.4195 < T \leq 0.4896$，滨海旅游业低碳化发展水平处于"一般"等级；当 $0.4896 < T \leq 0.5597$，滨海旅游业低碳化发展水平处于"良好"等级；当 $T > 0.5597$，滨海旅游业低碳化发展水平处于"较高"等级。

表3-22　2015年我国沿海地区滨海旅游业低碳化发展水平评价指标数据

目标层	准则层	指标层	天津	河北	辽宁	上海	江苏	浙江	福建	山东	广东	广西	海南
滨海旅游业低碳化发展水平Z	发展能力指标A	A_1	436.96	269.16	792.49	1252.31	291.68	1791.75	573.23	1092.40	1111.54	131.76	108.11
		A_2	20.1	30.1	18.1	4.9	17.3	17.7	17.6	21	16	28.21	17
		A_3	3.04	0.95	2.93	5.80	0.49	4.77	2.63	2.00	1.79	0.92	3.44
		A_4	23773	76641	63016	97714	138288	156975	111305	138376	219601	52025	34415
	低碳消费指标B	B_1	37.28	45.96	70.03	39.89	66.21	37.57	92.90	39.09	38.08	57.05	31.23
		B_2	0.209	0.6435	0.1875	0.1005	0.429	0.1275	0.1155	0.447	0.4845	0.9495	0.435
	低碳产出指标C	C_1	80.72	519.34	577.58	1854.52	1105.86	7752.5	1349.86	2988.57	3025.62	241.04	629.21
		C_2	10.5	35.8	38.2	42.7	68.7	79.7	42.4	70.8	104	38.4	20.7
		C_3	0.969	0.623	1.536	2.351	0.587	3.507	1.332	2.162	2.161	0.292	0.2
		C_4	5.52	3.55	8.75	13.4	3.34	20	7.59	12.33	12.32	1.66	1.14
		C_5	2.908	1.845	4.584	7.024	1.739	10.462	4.073	6.43	7.077	0.865	0.598
		C_6	17.48	8.93	27.27	45.27	8.82	60.31	38.49	35.39	92.53	4.31	3.15
	低碳环境指标D	D_1	83.3	88	89.9	93.7	86.6	91.8	90.2	88.5	98.4	96.2	100
		D_2	8.24	22.29	35.13	9.41	10.48	57.41	63.10	16.72	49.44	52.71	51.98

续表

目标层	准则层	指标层	天津	河北	辽宁	上海	江苏	浙江	福建	山东	广东	广西	海南
滨海旅游业低碳化发展水平 Z	低碳环境指标 D	D_3	88.2	94.3	84.6	91.3	90.7	87.5	85.6	94.288.3	87.8	75.2	—
		D_4	99.8	38.1	43.5	97.3	91.4	91.5	89.2	93.1	87.1	67.4	61.7
		D_5	99.8	81.4	87.2	83.6	95.9	99	96.4	98.1	79.1	97.4	99.9
		D_6	1.22	1.83	2.75	0.66	1.22	1.08	1.13	1.48	0.46	1.46	1.57
	低碳设施支撑指标 E	E_1	727.9	298.8	338.1	565.4	220.6	168.8	181.8	272.9	158.3	133	196.2
		E_2	17.3	11.3	11.1	11.9	13.4	14	12.2	12.8	13.4	9.2	11.6
		E_3	1.84	4.18	2.46	2.66	3.59	4.18	2.69	1.99	2.06	2.33	1.92
		E_4	103	404	399	281	732	783	390	796	927	339	155

表 3 - 23　2015 年我国沿海地区滨海旅游业低碳化发展水平评价指标数据的标准化值

目标层	准则层	指标层	天津	河北	辽宁	上海	江苏	浙江	福建	山东	广东	广西	海南
滨海旅游业低碳化发展水平 Z	发展能力指标 A	A_1	0.205	0.106	0.416	0.690	0.119	1.010	0.286	0.595	0.606	0.024	0.010
		A_2	0.613	1.010	0.534	0.010	0.502	0.518	0.514	0.649	0.450	0.935	0.490
		A_3	0.485	0.490	0.097	0.470	1.010	0.010	0.816	0.413	0.294	0.255	0.091
		A_4	0.010	0.280	0.210	0.388	0.595	0.690	0.457	0.595	1.010	0.154	0.064
	低碳消费指标 B	B_1	0.108	0.249	0.639	0.150	0.577	0.113	1.010	0.137	0.121	0.429	0.010
		B_2	0.882	0.370	0.908	1.010	0.623	0.978	0.992	0.602	0.558	0.010	0.616
	低碳产出指标 C	C_1	1.010	0.953	0.945	0.779	0.876	0.010	0.845	0.631	0.626	0.989	0.939
		C_2	1.010	0.739	0.714	0.666	0.388	0.270	0.669	0.365	0.010	0.712	0.901
		C_3	0.777	0.882	0.606	0.360	0.893	0.010	0.668	0.417	0.417	0.982	1.010
		C_4	0.778	0.882	0.607	0.360	0.893	0.010	0.668	0.417	0.417	0.982	1.010
		C_5	0.776	0.884	0.606	0.359	0.894	0.010	0.658	0.419	0.353	0.983	1.010
		C_6	0.850	0.945	0.740	0.539	0.947	0.370	0.615	0.649	0.010	0.997	1.010
	低碳环境指标 D	D_1	0.010	0.291	0.405	0.633	0.208	0.519	0.423	0.321	0.914	0.782	1.010
		D_2	0.010	0.266	0.500	0.031	0.051	0.906	1.010	0.165	0.761	0.821	0.807

续表

目标层	准则层	指标层	天津	河北	辽宁	上海	江苏	浙江	福建	山东	广东	广西	海南
滨海旅游业低碳化发展水平 Z	低碳环境指标 D	D_3	0.691	1.010	0.502	0.853	0.822	0.654	0.555	1.005	0.696	0.670	0.010
		D_4	1.010	0.010	0.098	0.969	0.874	0.875	0.838	0.901	0.804	0.485	0.392
		D_5	1.005	0.121	0.399	0.226	0.818	0.967	0.842	0.923	0.010	0.890	1.010
		D_6	0.342	0.608	1.010	0.097	0.342	0.281	0.303	0.455	0.010	0.447	0.495
	低碳设施支撑指标 E	E_1	1.010	0.289	0.355	0.737	0.157	0.070	0.092	0.245	0.053	0.010	0.116
		E_2	1.010	0.269	0.245	0.343	0.529	0.603	0.380	0.454	0.529	0.010	0.306
		E_3	0.010	1.010	0.275	0.360	0.758	1.010	0.373	0.074	0.104	0.219	0.044
		E_4	0.010	0.375	0.369	0.226	0.773	0.835	0.358	0.851	1.010	0.296	0.073

表 3 - 24　层次分析法与熵值法确定的指标权重

目标层	准则层	权重	指标层	权重
T	A	0.179	A_1	0.0417472
			A_2	0.0481025
			A_3	0.0440570
			A_4	0.0441629
	B	0.090	B_1	0.0414039
			B_2	0.0480150
	C	0.285	C_1	0.0487714
			C_2	0.0474485
			C_3	0.0476323
			C_4	0.0476335
			C_5	0.0474733
			C_6	0.0480933
	D	0.276	D_1	0.0462924
			D_2	0.0419619
			D_3	0.0484911
			D_4	0.0465547
			D_5	0.0458731
			D_6	0.0457939
	E	0.171	E_1	0.0389725
			E_2	0.0467916
			E_3	0.0402803
			E_4	0.0444478

　　根据所计算的我国沿海地区滨海旅游业低碳化发展水平综合指数可知，低碳化水平较低的省份是广东，低碳化水平一般的省份包括浙江和上海，低碳化水平良好的省份包括河

北、海南、山东、辽宁，低碳化水平较高的省份包括江苏、福建、天津和广西（见表 3 – 25 和图 3 – 5）。

表 3 – 25　我国滨海旅游业低碳化发展水平综合指数评价结果

省份	低碳化发展水平综合指数值	等级	准则层指标分析（优势指标在全国沿海的排位）
江苏	0.6296	较高	低碳发展能力第 3 位；低碳设施支撑指标第 2 位
福建	0.6069	较高	低碳消费指标第 1 位；低碳环境指标第 3 位
天津	0.5833	较高	低碳产出指标第 4 位；低碳设施支撑指标第 3 位
广西	0.5618	较高	低碳产出指标第 2 位；低碳环境指标第 2 位
河北	0.5574	良好	低碳产出指标处于第 3 位
海南	0.5331	良好	低碳产出指标处于第 1 位
山东	0.5246	良好	低碳发展能力指标处于第 2 位
辽宁	0.5153	良好	低碳消费指标处于第 2 位
浙江	0.4854	一般	低碳环境指标处于第 1 位；低碳设施支撑指标处于第 1 位
上海	0.4689	一般	低碳消费指标处于第 3 位
广东	0.4194	较低	低碳发展能力指标处于第 1 位

　　江苏、福建、天津和广西的低碳化水平较高。江苏的低碳化水平较高是由于低碳发展能力和低碳设施支撑指标评价结果较高，其低碳发展能力指标评价结果在全国沿海

11个省、自治区和直辖市中处于第3位（见图3-6），低碳设施支撑指标评价结果处于第2位（见图3-10）；福建的低碳水平较高是由于低碳消费指标、低碳环境指标评价结果较高，其低碳消费指标评价结果在全国沿海11个省、自治区和直辖市中处于第1位（见图3-7），低碳环境指标评价结果处于第3位（见图3-9）；天津的低碳化水平较高是由于低碳化产出指标和低碳设施支撑指标评价结果较高，其低碳化产出指标评价结果在全国沿海11个省、自治区和直辖市中处于第4位（见图3-8），低碳设施支撑指标处于第3位（见图3-10）；广西的低碳化水平较高是由于低碳产出指标和低碳环境指标评价结果较高，其低碳产出指标评价结果处于第2位（见图3-8），低碳环境指标评价结果处于第2位（见图3-9）。

河北、海南、山东、辽宁的低碳化水平良好。河北低碳产出指标处于第3位（见图3-8）；海南低碳产出指标处于第1位（见图3-8）；山东低碳发展能力指标处于第2位；辽宁低碳消费指标处于第2位（见图3-7）。

浙江和上海低碳化水平一般。浙江低碳环境指标处于第1位（见图3-9），低碳设施支撑指标处于第1位（见图3-10）；上海的低碳消费指标处于第3位（见图3-7）。

广东的低碳化水平在沿海地区中较低。广东的低碳消费指标评价结果在全国沿海11个省、自治区和直辖市中处于第9位（见图3-7），低碳产出指标评价结果处于第10位（见图3-8），低碳设施支撑指标评估结果处于第5位（见图3-10）。

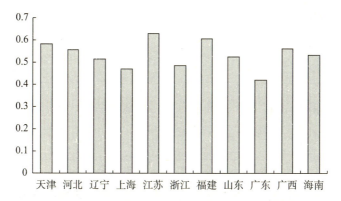

图 3 - 5　我国滨海旅游业低碳化发展水平综合指标评价结果

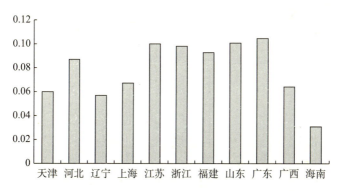

图 3 - 6　我国滨海旅游业低碳化发展的发展能力指标评价结果

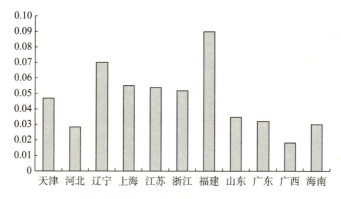

图 3 - 7　我国滨海旅游业低碳化发展的低碳消费指标评价结果

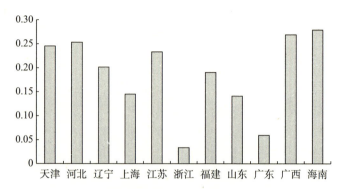

图 3 - 8　我国滨海旅游业低碳化发展的低碳产出指标评价结果

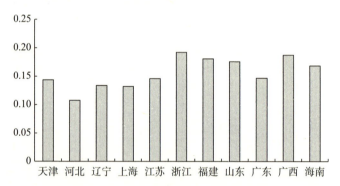

图 3 - 9　我国滨海旅游业低碳化发展的低碳环境指标评价结果

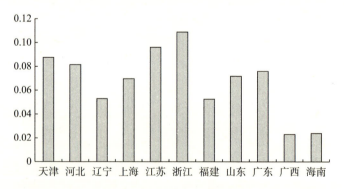

图 3 - 10　我国滨海旅游业低碳化发展的低碳设施
支撑指标评价结果

三　我国滨海旅游业增长潜力和市场规模预测

（一）我国滨海旅游业增长潜力和市场规模预测的思路和方法

对于我国滨海旅游业增长潜力和市场规模预测可采用定性和定量相结合的方法。定性的方法需要充分考虑我国滨海旅游业发展的主要影响因素。定量方法包括单一预测方法和组合预测法。定量预测的指标主要包括滨海旅游业增加值、滨海旅游人数等。对于各个指标的预测采用组合预测法进行定量预测。各定量预测方法简述如下。

1. 单一预测方法

单一预测方法主要包括成长曲线法、趋势外推法、灰色系统法等。

（1）成长曲线法

成长曲线法是一条 S 形曲线，它反映了经济开始增长缓慢，随后增长加快，达到一定程度后，增长率逐渐减慢，最后达到饱和状态的过程，主要包括龚柏兹（Gompertz）曲线模型和罗吉斯缔（Logistic）曲线模型。

（2）趋势外推法

趋势外推法是长期预测的主要方法。它是根据时间序列的发展趋势，配合合适的曲线模型，外推预测未来的趋势值，具体包括直线模型预测法、多项式曲线模型预测法、指数曲线模型预测法等。

（3）灰色系统法

灰色系统法是一种研究少数据、贫信息不确定性问题的新方法。灰色系统理论以"部分信息已知，部分信息未知"的"小样本""贫信息"不确定性系统为研究对象，主要通过对部分已知信息的生成、开发，提取有价值的信息，实现对系统运行行为、演化规律的正确描述和有效监控。

2. 组合预测法

组合预测法是将若干种类的预测方法所获得的结果按照一定的权重组合起来，以便减少单项预测误差较大缺陷的预测方法。按照获得权重的方法，组合预测法可以分为基于算术平均的线性组合预测法和基于调和平均的线性组合预测法。基于调和平均的线性组合预测法优于基于算术平均的线性组合预测法，可证明如下。

（1）基于算术平均的线性组合预测法

假定有 n 种相互独立的不同方法对研究对象 Y 进行预测，所得结果分别为：Y_1，Y_2，$\cdots$，Y_n，该 n 种方法都是对研究对象的无偏估计，其预测方差分别为：σ_{12}，σ_{22}，$\cdots$，σ_{n2}，则基于算术平均的线性组合预测法可表述为公式（3 - 12）。

$$Y' = W_1 Y_1 + W_2 Y_2 + \cdots + W_n Y_n \qquad (3-12)$$

其中，$W_i = \dfrac{\sigma_i^2}{\sum\limits_{j=1}^{n} \sigma_j^2}$，$0 < W_i < 1$，且 $\sum W_i = 1$，则该组合预测 Y' 对于 Y 是无偏的和一致的，即 $E(Y') = E(Y)$。

该组合预测在一定程度上利用了预测对象多方面的信息，而且应用简单，从而在实际预测中获得广泛应用，但由于组合预测中各单项方法的权重与各单项方法预测结果的方差成正比，预测偏差较大的方法在组合中所占权重也较大，客观上造成鼓励劣方法的效果，而且理论上可以证明这种权重确定方法造成算术平均的线性组合预测不再有效，即预测结果的方差不再是最小方差，同时造成预测结果的方差是预测对象真正方差的有偏估计。

（2）基于调和平均的线性组合预测方法

为了克服普通线性组合预测方法的缺陷，提高预测精度，采用基于调和平均的线性组合预测方法，其权重确定为公式（3 – 13）。

$$W_i = \frac{\dfrac{1}{\sigma_i^2}}{\displaystyle\sum_{j=1}^{n} \dfrac{1}{\sigma_j^2}} \qquad (3-13)$$

则对于基于调和平均的线性组合预测方法表达公式为 $Y'' = W_1'Y_1 + W_2'Y_2 + \cdots + W_n'Y_n$，有如下几点结论成立。

①组合预测 Y'' 对于 Y 也是无偏估计，即：$E(Y'') = E(Y)$

证明：$E(Y) = E(W_1'Y_1 + W_2'Y_2 + \cdots + W_n'Y_n) = E(Y) \times \displaystyle\sum_{i=1}^{n} W'_i = E(Y)$

②组合预测 Y'' 一定优于单一预测，即使得：

$$\sigma''^2 < \min(\sigma_{12}, \sigma_{22}, \cdots, \sigma_{n2})$$

证明：令 $\sigma_2 = \min(\sigma_{12}, \sigma_{22}, \cdots, \sigma_{n2})$；

$$\sigma''^2 = D(Y'') = D(W_1'Y_1 + W_2'Y_2 + \cdots + W_n'Y_n)$$

$$= W_1'\sigma_{12} + W_2'\sigma_{22} + \cdots + W_n'\sigma_{n2}$$

$$= \frac{\left(\dfrac{1}{\sigma_1^2}\right)^2 \sigma_1^2}{\left(\displaystyle\sum_{j=1}^{n} \dfrac{1}{\sigma_j^2}\right)^2} + \frac{\left(\dfrac{1}{\sigma_2^2}\right)^2 \sigma_2^2}{\left(\displaystyle\sum_{j=1}^{n} \dfrac{1}{\sigma_j^2}\right)^2} + \cdots + \frac{\left(\dfrac{1}{\sigma_n^2}\right)^2 \sigma_n^2}{\left(\displaystyle\sum_{j=1}^{n} \dfrac{1}{\sigma_j^2}\right)^2}$$

$$= \frac{1}{\sum_{j=1}^{n} \frac{1}{\sigma^2}} < \frac{1}{\frac{1}{\sigma^2}} = \sigma^2$$

③组合预测 Y'' 至少不比组合预测 Y' 差，即 $\sigma''^2 \leqslant \sigma'^2$；

证明：$\sigma'^2 = \sum_{i=1}^{n} w_i^2 \sigma_t^2 = \frac{\sum_{i=1}^{n} \sigma_i^6}{\left(\sum_{j=1}^{n} \sigma_j^2 \right)^2}$，$\sigma''^2 = \frac{1}{\sum_{j=1}^{n} \frac{1}{\sigma_j^2}}$

容易得到：$\sigma'^2 \geqslant \sigma''^2$，从以上结论可以确定基于调和平均的线性组合预测方法是无偏的、一致的和有效的。

（二）我国滨海旅游需求的主要影响因素分析及规模预测

滨海旅游业的发展壮大取决于国内居民的需求拉动。滨海旅游需求的决定因素主要包括居民可支配收入和可自由支配的闲暇时间。此外，人口特征、人口城乡分布、职业教育水平、旅游资源和交通、价格和汇率等都是滨海旅游需求影响因素。这里选取滨海旅游人数和滨海旅游业增加值作为预测滨海旅游市场规模的主要指标。

1. 我国境内滨海旅游需求的主要影响因素

影响境内滨海旅游需求的主要因素包括个人因素、社会因素以及供给方面的因素等。

（1）影响境内滨海旅游需求的个人因素

经济状况、心理因素、生理特征等旅游者个人特征是影响我国境内滨海旅游市场规模的主要因素。

①经济状况。居民的经济状况是决定境内滨海旅游的重要因素，而旅游者的经济状况决定着能否实现境内旅游和旅游消费水平的高低。经济状况则取决于个人收入和资产存

量，而可支配收入是滨海旅游需求的首要条件。在其他因素不变的情况下，居民可支配收入越多，则对旅游的需求越大，主要表现在旅游次数或旅游天数的增加。反之，对旅游的需求就会减少，突出表现为外出旅游距离的缩短和旅游天数的减少。

②余暇时间。可用于外出旅游的时间是产生滨海旅游需求的另一个客观条件，这一可用于外出旅游的时间被称为余暇时间。余暇时间是指一个人在日常工作、学习、生活及其他日常的限制性活动之外，可用于随意支配的自由时间，包括每日余暇、每周余暇、公共假日和带薪假期。尽管余暇时间不属于经济范畴，并且余暇时间对旅游需求的影响是以居民具有一定的可支配收入为前提条件，但是在其他条件具备的情况下，人们的余暇时间越多，对旅游产品的需求越大，外出旅游的次数和在外旅游天数便会越多。反之，如果余暇时间不足或没有余暇时间，就没有旅游需求。

其他条件不变，也并非仅具有余暇时间就能产生旅游需求。只有历时较长的连续性余暇时间才能产生和实现个人旅游需求。每日余暇并不能产生持久的外出旅游需求。商务旅游者具备旅游支出的财力和余暇时间这两个旅游需求的基本决定因素。农村居民出游没有固定时间，出游时间分散。

③心理因素。旅游动机是游客外出旅游的直接内在动因，是产生旅游需求的主观条件。旅游动机与旅游者的心理类型、文化修养等个人因素紧密相关。我国境内居民的滨海旅游动机具体包括观光游览、商务出差、度假休闲娱乐、探亲访友、健康疗养、会议公务、交流访问、宗教朝拜等。

④生理特征。生理特征主要指旅游者的年龄和性别。年龄对滨海旅游的影响主要表现在需求程度、旅游动机、旅行

方式、消费水平及消费结构等方面。人们所处的年龄不同导致人们的旅游需求程度有很大的不同。处于青年未婚时期，人的旅游欲望较大。处于青年已婚但无子女时期的人，旅游需求规模较大，但由于物质积累需要和消费能力有限等因素都影响其旅游目的地的选择和旅游消费层次。已婚子女较小的家庭外出旅游的动机和需求都很小。处于中年的人对旅游的需求程度较高，而且由于经济上较为富有，因此处于这一阶段的人往往选择较远的旅游目的地，持续时间也较长。老年人，由于时间较为充裕，有相当的积蓄，若身体健康，则这一群体的旅游需求也较大。随着社会经济发展和生活水平的提高，人们的平均寿命延长和身体健康状况已改善，老年旅游市场规模未来将迅速发展。

性别构成对旅游需求的影响也是客观存在的。往往男性旅游者所占的比重高于女性，2015年我国城镇居民境内旅游中男性游客人次占56%，女性游客占44%。[1] 这可能是由于男性和女性在家庭生活中所处的角色有所不同。

⑤职业因素。不同职业对旅游需求的程度不同。公务员、企事业单位管理人员等职业人员在旅游人数上所占比重和人均消费高于工人等体力劳动者。其主要原因有两个：其一，经济收入差别导致对旅游需求程度不同；其二，收入较高的人一般受教育程度也较高，而教育水平和文化水平有助于激发人旅游的兴趣。

（2）影响境内滨海旅游需求的社会因素

滨海旅游需求的发展与社会发展水平密不可分。可支配收

---

① 中华人民共和国国家旅游局：《2016年中国旅游统计年鉴》，中国旅游出版社，2016。

入增加、余暇时间增多、交通运输方式进步、城市化水平提高以及人口数量的增长等是影响滨海旅游需求程度的社会因素。

①社会经济快速发展使人们的可支配收入增加，促进了滨海旅游需求的发展。人们可支配收入水平提高首先满足了人们的基本生活需要，在这一基本需要获得满足的情况下，滨海旅游等作为奢侈品的需要逐步被人们重视。

②社会的发展使人们的余暇时间增加。科学技术的进步、生产效率不断提高以及服务的社会化发展极大地缩短了人们日常家务劳动的时间，从而使得人们的余暇时间大大增加。这成为滨海旅游规模迅速扩大的重要原因。

③现代交通运输工具的发展是滨海旅游需求规模扩大的重要原因。交通运输的现代化对滨海旅游的发展有着直接而深远的影响。家用轿车的日渐普及，高速铁路、航空运输、水上运输的发展成为滨海旅游需求迅速扩大的客观基础。

④城市化水平提高是促进滨海旅游规模扩大的重要原因。主要原因在于城市居民的平均收入一般高于农村居民。此外，城市居民的工作性质和生活环境不同于农村地区。这些原因使得城市居民旅游需求程度高于农村居民。

（3）影响我国境内滨海旅游需求的供给因素

影响境内滨海旅游需求的供给因素包括滨海旅游产品价格、滨海旅游资源稀缺程度、社会政治政策环境以及通货膨胀程度等。

①滨海旅游产品价格。滨海旅游产品价格影响境内滨海旅游需求有两方面原因。其一，滨海旅游产品与其他商品或服务之间存在替代关系。当旅游者收入固定，滨海旅游产品价格上升，则旅游者可能提高其他商品或服务的消费，而降低对滨海旅游产品的消费量。反之，旅游者提高滨海旅游产

品的消费量。其二，由于消费者的收入有限，当滨海旅游产品价格上升，则人们往往减少对滨海旅游产品的需求。

②滨海旅游资源的供给。滨海旅游资源的供给情况对境内滨海旅游需求的实现起到决定性作用，因而也是滨海旅游业能否壮大的关键。旅游产品与一般商品有不同的性质，由于滨海旅游资源具有垄断性和稀缺性，因此，实际上是滨海旅游资源的供给决定着需求。从这个意义上说，一定的滨海旅游资源的供给创造一定的需求。滨海旅游供给的情况决定着滨海旅游目的地的吸引力。同时，其他的旅游供给因素，如旅游基础设施、交通条件等，都可增加或削弱旅游地的吸引力。

③社会政治环境和政策。滨海旅游业是敏感行业，其需求程度与国家的政治经济形势紧密相连。国内政局稳定和宏观经济形势良好是境内滨海旅游业良性发展的前提。2000 年以来，我国滨海旅游业保持强劲增长势头，旅游市场持续扩大。2008 年受南方雨雪冰冻灾害及国际金融危机等影响，我国滨海旅游业发展与 2007 年基本持平，但其他年份都保持强劲增长势头。

④地区间通货膨胀程度不同。就国内而言，旅游目的地和客源地之间虽然存在通货膨胀程度的不同，只会影响到游客的不同流向和流量，不会影响境内滨海旅游需求的总量。但境内和境外旅游目的地的通货膨胀程度的不同往往会影响到境内滨海旅游的需求程度，二者之间存在一定程度的替代关系。如 2008 年国际金融危机时东南亚国家物价持续降低，东南亚国家的旅游报价大幅度降低，部分由原本国内旅游的旅游者转而到东南亚旅游。对于广大的消遣型旅游者来说，他们在选择某一旅游目的地时，往往会对该地的旅游价格作

横向和纵向的比较。尽管有时扣除通货膨胀的影响，该目的地的相对价格并无变化，但只要其现行价格有所变化，就会对旅游需求程度产生影响。

2. 我国入境滨海旅游需求影响因素分析

入境滨海旅游需求受到沿海地区旅游资源禀赋、经济发展水平、对外开放程度、可进入性、旅游接待设施、客源市场等众多因素影响。

（1）滨海旅游资源禀赋

滨海旅游业的发展很大程度上依赖于滨海旅游资源的开发利用。旅游资源禀赋是激发旅游动机，促使旅游者选择旅游目的地的决定性因素。滨海旅游资源的数量和质量直接决定滨海旅游业的规模和发展方向。由于入境滨海旅游作为高层次的旅游活动，在时间和消费水平一定的情况下，游客对景点和目的地的选择倾向于"择高原则"，往往选择国内知名度较高的滨海城市和滨海景区旅游。我国沿海旅游资源极为丰富，然而其分布却存在明显的差异与不均衡的特点。从地域分布看，我国长江口以南的景点多于长江以北沿岸，占景点总数的88%，占用景点岸线总长度的78.7%。相应地，我国长江口以南省份的入境滨海旅游游客占我国入境滨海旅游游客的90%以上。旅游景点分布的不均衡是导致客源流量分布不均衡的根本原因。

（2）经济发展水平与对外开放程度

滨海旅游资源的开发、旅游基础设施建设及滨海旅游业的营运都需要大量的资金投入，而沿海地区经济发展的水平是滨海旅游业发展的重要保证。此外，入境滨海旅游作为外向型产业，对外开放程度已成为入境滨海旅游业发展的重要因素。我国沿海与内陆相比，区域经济发达，开放的程度相对较高，入境滨海旅游业取得了长足的进展。而内陆入境旅游业发展速度仍无法与沿海地区相比。

（3）沿海地区旅游接待服务条件

滨海旅游业是服务产业之一。滨海旅游企业则是专门经营旅游产品和服务的企业，尤其是旅行社、旅游饭店，不仅对滨海旅游业的形成和发展具有十分重要的作用，而且成为现代旅游业的支柱。滨海旅游企业的发展程度是影响入境滨海旅游需求程度的重要因素。

（4）滨海旅游基础设施建设

交通、邮电通信等公共设施是一个滨海旅游业得以生存和发展的先决条件。其中旅游交通最为重要，是沟通旅游需求与旅游供给的纽带和桥梁。良好的旅游基础设施，能在一定程度上改善不利的区位条件，增强旅游景点的可进入性和吸引力，扩大客源市场，优化旅游市场结构。

3. 滨海旅游业增加值预测

运用 2000～2014 年我国滨海旅游业增加值数据（见表 3－26），采用成长曲线法、灰色系统法、回归模型法以及组合预测法，对 2020～2030 年我国滨海旅游业增加值进行预测，得到预测结果（见表 3－27）。

表 3－26　2000～2014 年我国滨海旅游业增加值

单位：亿元

年份	滨海旅游业增加值	年份	滨海旅游业增加值
2000	354	2008	3766.40
2001	1072.03	2009	4352.30
2002	1523.68	2010	5303.10
2003	1105.74	2011	6239.90

续表

年份	滨海旅游业增加值	年份	滨海旅游业增加值
2004	1521.99	2012	6931.20
2005	2010.63	2013	7839.70
2006	2619.60	2014	9752.80
2007	3225.80		

资料来源:《中国海洋统计年鉴》(2001～2015年);2012～2015年《中国海洋经济统计公报》。

表 3 - 27　2020～2030 年我国滨海旅游业增加值预测

单位:亿元

年份	预测范围	最佳预测值
2020	7900～9700	8400
2025	10900～13300	11600
2030	14500～17800	15500

根据表 3 - 27 得到,2020 年我国滨海旅游业增加值最佳预测值为 8400 亿元,2025 年为 11600 亿元,2030 年为 15500 亿元。与 2010 年我国滨海旅游业增加值 5303.10 亿元相比,2020 年我国滨海旅游业增加值将增长 58.4%。2025 年与 2010 年相比将增长 118.7%。2030 年与 2010 年相比将增长 192.3%。

4. 我国滨海旅游人数预测

对于我国境内滨海旅游人数和入境滨海旅游人数的预测可采用回归预测法。运用 2004～2013 年我国境内滨海旅游人数数据(见表 3 - 28)和 2001～2013 年我国入境滨海旅游人数(见表 3 - 29)的数据,绘制出我国不同年份境内滨海旅游人数(见图 3 - 11)和入境滨海旅游人数(见图 3 - 12)的折线图。初步认定我国境内滨海旅游人数、入境滨海旅游人数与年份具有明显的相关关系。

表 3 - 28　2004 ~ 2013 年我国境内滨海旅游人数

单位：万人次

年份	境内滨海旅游人数	年份	境内滨海旅游人数
2004	36334	2009	91807
2005	50717	2010	107019
2006	51423	2011	135468
2007	65875	2012	117625
2008	74699	2013	131226

资料来源：根据《中国海洋统计年鉴》（2005 ~ 2015 年）整理而得。

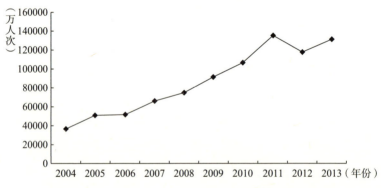

图 3 - 11　2004 ~ 2013 年我国境内滨海旅游人数

对于境内滨海旅游人数，备选模型有对数模型和乘幂模型。运用表 3 - 28 中数据进行回归拟合分析，得到其方程为如下形式。

$$y = 42607\ln(x) + 20613 \quad (r^2 = 0.955)$$

$$y = 32320x^{0.5896} \quad (r^2 = 0.9242)$$

对数模型 $y = 42607\ln(x) + 20613$（$r^2 = 0.955$）的拟合优度大于乘幂模型，因此选择对数模型作为境内滨海旅游人数的长期预测模型。根据对数模型预测，到 2020 年我国境内滨海旅游人数为 141327.72 万人次，到 2025 年为 152313.05 万人次，到 2030 年为 161038.72 万人次。

表 3 - 29　2001～2013 年我国入境滨海旅游人数

单位：万人次

年份	我国入境滨海旅游人数	年份	我国入境滨海旅游人数
2001	1880.14	2008	4178.57
2002	2135.68	2009	3630.25
2003	1835.95	2010	4311.68
2004	2549.79	2011	4350.74
2005	3042.20	2012	4551.90
2006	3439.89	2013	3779.65
2007	3983.88		

资料来源：根据《中国海洋统计年鉴》（2002～2015 年）整理而得。

对于我国入境滨海旅游人数，备选模型有多项式模型、对数模型、乘幂模型、指数模型。运用表 3 - 29 中数据进行回归拟合分析，得到备选模型的方程为如下形式。

$$y = 22.674x^2 + 541.27x + 988.82 \quad (r^2 = 0.8108)$$
$$y = 1624.9x^{0.3924} \quad (r^2 = 0.8428)$$
$$y = 1906.1e^{0.0744x} \quad (r^2 = 0.7852)$$
$$y = 1154.6\ln(x) + 1356.4 \quad (r^2 = 0.8227)$$

乘幂模型 $y = 1624.9x^{0.3924}$（$r^2 = 0.8428$）的拟合优度较大，此处选择乘幂模型作为我国入境滨海旅游人数的长期预测模型。根据乘幂模型预测，到 2020 年我国入境滨海旅游人数为 5264.42 万人次，到 2025 年为 5746.17 万人次，到 2030 年为 6172.33 万人次。

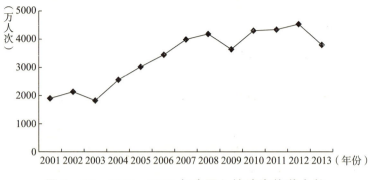

图 3 – 12 2001 ~ 2013 年我国入境滨海旅游人数

四 征收碳税对我国滨海旅游业碳足迹影响的情境分析与预测

碳税（Carbon Taxes）被西方学界认为是成本有效的减排政策工具。[1] 碳税在全球气候变化背景下日益受到国际社会重视，世界上已有芬兰、荷兰、瑞典、挪威、丹麦、日本、美国等十多个国家开征碳税，并取得了较好效果。研究征收碳税对我国滨海旅游业碳足迹影响的情境分析与预测的主要思路是：参考权威文献中有关征收不同碳税情境下，我国国内生产总值和碳排放所受到的影响。在此基础上，根据我国未来（2020 年）滨海旅游业增加值占国内生产总值的比重，估计我国滨海旅游业碳足迹受征收碳税的影响。

（一）碳税的内涵

碳税是基于激励的价格型减排政策工具。应对气候变化

---

① Andrea Baranzini, José Goldemberg, Stefan Speck, "A Future for Carbon Taxes," *Ecological Economics*, 2000, 32 (3), pp. 395 – 412.

的政策工具包括行政命令型和激励型两类。行政命令型政策是运用法律和政令，直接或间接地要求企业使用减排技术，通过检查、监控和罚款等标准化行政程序确保企业达到减排要求。激励型政策属于经济政策，是政府制定总体目标和原则，然后为企业留足利润空间来激励企业采取成本有效的减排技术。激励型政策工具分为排放税和排污权交易两种。碳税在诸多排放税中居于最重要的地位，是目前世界上许多国家应对气候变化的重要政策工具。

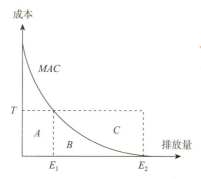

图 3 - 13　碳税是基于激励的价格型减排政策工具[①]

　　从微观角度理解，碳税是一种基于激励的价格型碳减排政策工具。如图 3 - 13 所示，图中的曲线 MAC 为边际治理成本曲线。在不征收碳税时，企业的初始排放量为 E_2，当碳税为 T 时，此时 $MAC < T$，因此企业倾向减排，直到排放量减为 E_1，即 $MAC = T$ 为止。征收碳税时，如企业碳排放量仍为 E_2，则其应交的碳税为图中面积 $A + B + C$；当碳排放量减为 E_1 时，企业虽增加治理成本 B，但碳税仅为 A，故总成本为 $A + B$。与不减排相比节约了成本 C，这就是追求利润最大化的

---

　　① 张晓盈、钟锦文：《碳税的内涵、效应与中国碳税总体框架研究》，《复旦学报》（社会科学版）2011 年第 4 期。

企业所获得的激励。

从宏观角度理解，碳税是一种使外部性内部化的庇古税。大气层是公共资源，具有竞争性而无排他性的特征，因此其很可能被过度使用。当经济活动影响他人福利而对此影响行为又没有任何奖惩时，就产生了外部性。如果这种影响是不利的，则为负外部性，反之为正外部性。从事经济活动的企业或个人，在没有任何约束的情况下，均不会负担碳排放导致的社会成本。为了约束过度排放行为，弥补社会成本与私人成本之差，政府可以通过征收碳税的方式使碳排放行为的负外部性内部化。可见，碳税等于边际社会成本与边际私人成本的差，即：

$$T = MSC - MPC = MPV - MSV$$

其中，T 为碳税，MSC 表示边际社会成本，MPC 表示边际私人成本，MPV 表示边际私人价值，MSV 表示边际社会价值。

（二）征收碳税对我国滨海旅游业碳足迹的影响

根据李齐云、商凯的研究[1][2]，碳税会造成 GDP 的实际损失。在征收 30 美元/吨碳税水平下，2020 年我国 GDP 损失 10 亿美元；在征收 50 美元/吨碳税水平下，2020 年我国 GDP 损失 13 亿美元；在征收 80 美元/吨碳税水平下，2020 年我国 GDP 损失 38 亿美元；在征收 100 美元/吨碳税水平下，2020 年我国GDP 损失 44 亿美元；在征收 120 美元/吨碳税水

---

[1] 李齐云、商凯：《二氧化碳排放的影响因素分析与碳税减排政策设计》，《财政研究》2009 年第 10 期。

[2] 商凯：《促进我国二氧化碳减排的碳税政策研究》，硕士学位论文，山东大学，2009。

平下，2020 年我国 GDP 损失 51 亿美元（见表 3 - 30）。

表 3 - 30 征收碳税情况下 2020 年我国 GDP 损失及
其占当年 GDP 的百分比

碳税水平（美元/吨）	GDP 损失 （亿美元）	GDP 损失占当年 GDP 百分比（%）
30	10	0.00
50	13	0.03
80	38	0.10
100	44	0.11
120	51	0.14

我国 2001～2014 年滨海旅游业增加值占 GDP 比重的平均值为 1.27%（见表 3 - 31），可估算出征收碳税情况下 2020 年我国滨海旅游业增加值所受到的损失。征收 30 美元/吨碳税，2020 年我国滨海旅游业增加值损失 0.127 亿美元；征收 50 美元/吨碳税，2020 年我国滨海旅游业增加值损失 0.165 亿美元；征收 80 美元/吨碳税，2020 年我国滨海旅游业增加值损失 0.482 亿美元；征收 100 美元/吨碳税，2020 年我国滨海旅游业增加值损失 0.559 亿美元；征收 120 美元/吨碳税，2020 年我国滨海旅游业增加值损失 0.648 亿美元。

表 3 - 31 2001～2014 年我国滨海旅游业增加值
占 GDP 比重

单位：亿元，%

年份	滨海旅游业 增加值	GDP	比重	年份	滨海旅游业 增加值	GDP	比重
2001	1072	95933	1.12	2008	3766.4	300670	1.25

续表

年份	滨海旅游业增加值	GDP	比重	年份	滨海旅游业增加值	GDP	比重
2002	1523.7	102398	1.49	2009	4352.3	335353	1.30
2003	1105.8	116694	0.95	2010	5303.1	397983	1.33
2004	1522	136515	1.11	2011	6239.9	471564	1.32
2005	2010.6	182321	1.10	2012	6931.8	519322	1.34
2006	2619.6	209407	1.25	2013	7839.7	568845	1.38
2007	3225.8	246619	1.31	2014	9752.8	636463	1.53

资料来源：2002～2015年《中国海洋统计年鉴》。

根据表 3 - 32，我国滨海旅游人数及滨海旅游业增加值的数据，得到单位滨海旅游业增加值可吸纳滨海旅游游客为 22.68 万人次。因此，可估算出征收碳税情况下对 2020 年我国滨海旅游人数的影响（见表 3 - 33），并可估算出 2020 年我国境内滨海旅游人数损失以及入境滨海旅游人数损失（见表 3 - 34）。

根据对我国 2020 年滨海旅游碳足迹量的预测以及损失量的预测，可计算出到 2020 年，征收碳税为 30 美元/吨～120 美元/吨，我国境内滨海旅游业碳足迹将减少 0.0077%～0.039%，入境滨海旅游碳足迹将减少 0.012%～0.062%（见表 3 - 35）。由结果可看出，征收碳税对入境滨海旅游碳足迹的影响大于对境内滨海旅游碳足迹的影响。

表 3 - 32　2004～2013 年我国滨海旅游人数及
滨海旅游业增加值

单位：万人次，亿元

年份	境内滨海旅游业人数	入境滨海旅游业人数	我国滨海旅游人数	滨海旅游业增加值
2004	36334	2549.79	38883.79	1521.99

续表

年份	境内滨海旅游业人数	入境滨海旅游业人数	我国滨海旅游人数	滨海旅游业增加值
2005	50717	3042. 2	53759. 20	2010. 63
2006	51423	3439. 89	54862. 89	2619. 60
2007	65875	3983. 88	69858. 88	3225. 80
2008	74699	4178. 57	78877. 57	3766. 40
2009	91807	3630. 25	95437. 25	4352. 30
2010	107019	4311. 68	111330. 68	5303. 10
2011	135468	4350. 74	139818. 74	6972
2012	117625	4551. 90	122176. 90	7851
2013	131226	3779. 65	135005. 65	8882

表 3 - 33　征收碳税情况下 2020 年我国滨海旅游人数损失

碳税（美元/吨）	滨海旅游业增加值损失（亿美元）	我国滨海旅游人数损失（万人次）	境内滨海旅游人数损失（万人次）	入境滨海旅游人数损失（万人次）
30	0. 125	17. 407	16. 537	0. 870
50	0. 163	22. 699	21. 564	1. 135
80	0. 475	66. 146	62. 839	3. 307
100	0. 55	76. 591	72. 761	3. 830
120	0. 638	88. 845	84. 403	4. 442

表 3 - 34　征收碳税情况下 2020 年我国沿海地区滨海旅游人数损失

单位：万人次

省份	30 美元/吨		50 美元/吨		80 美元/吨		100 美元/吨		120 美元/吨	
	A	B	A	B	A	B	A	B	A	B
天津	0. 878	0. 008	1. 144	0. 011	3. 335	0. 031	3. 861	0. 036	4. 479	0. 042

省份	30 美元/吨		50 美元/吨		80 美元/吨		100 美元/吨		120 美元/吨	
	A	B	A	B	A	B	A	B	A	B
河北	0.569	0.014	0.742	0.019	2.163	0.054	2.504	0.063	2.905	0.073
辽宁	1.672	0.052	2.180	0.068	6.353	0.199	7.356	0.230	8.533	0.267
上海	3.079	0.072	4.015	0.094	11.699	0.274	13.547	0.317	15.714	0.368
江苏	0.610	0.088	0.796	0.114	2.319	0.333	2.686	0.385	3.115	0.447
浙江	3.783	0.096	4.933	0.125	14.375	0.364	16.644	0.421	19.308	0.489
福建	1.185	0.055	1.545	0.071	4.504	0.207	5.215	0.240	6.049	0.279
山东	2.303	0.052	3.003	0.068	8.751	0.197	10.133	0.229	11.755	0.265
广东	1.953	0.386	2.546	0.503	7.420	1.466	8.591	1.698	9.966	1.970
广西	0.281	0.039	0.366	0.051	1.067	0.147	1.236	0.170	1.434	0.198
海南	0.224	0.009	0.293	0.012	0.853	0.034	0.987	0.040	1.145	0.046

注:"A"表示境内滨海旅游人数损失;"B"表示入境滨海旅游人数损失。

表 3 - 35　征收碳税情况下 2020 年我国沿海地区滨海旅游碳足迹减少量

单位:吨

省份	30 美元/吨		50 美元/吨		80 美元/吨		100 美元/吨		120 美元/吨	
	A	B	A	B	A	B	A	B	A	B
天津	190.4	105.8	248.1	145.5	723.4	409.9	837.5	476.0	971.5	555.4
河北	895.1	162.1	1167.3	220.0	3402.8	625.3	3939.2	729.5	4570.1	845.3
辽宁	5424.6	348.5	7072.7	455.8	20611.4	1333.7	23865.5	1541.5	27684.2	1789.5
上海	4057.0	772.4	5290.2	1008.4	15414.8	2939.4	17849.8	3400.7	20705.1	3947.9
江苏	2134.2	1154.1	2784.9	1495.1	8113.3	4367.2	9397.3	5049.2	10898.2	5862.3
浙江	14976.8	687.7	19529.6	895.5	56910.1	2607.6	65893.0	3015.9	76439.7	3503.0
福建	2062.7	465.8	2689.3	601.3	7839.9	1753.0	9077.5	2032.4	10529.2	2362.7
山东	5750.6	492.6	7498.5	644.2	21851.3	1866.2	25302.2	2169.3	29352.3	2510.4
广东	5255.2	887.4	6850.9	1156.4	19966.0	3370.4	23116.9	3903.8	26816.8	4529.2

续表

省份	30 美元/吨		50 美元/吨		80 美元/吨		100 美元/吨		120 美元/吨	
	A	B	A	B	A	B	A	B	A	B
广西	426.7	601.7	555.8	786.9	1620.4	2268.1	1877.1	2623.0	2177.8	3055.0
海南	1269.3	97.7	1660.2	130.2	4833.4	369.0	5592.7	434.1	6488.0	499.3

注："A"表示境内滨海旅游碳足迹减少量；"B"表示入境滨海旅游碳足迹减少量。

五　我国未来滨海旅游业碳足迹与滨海旅游业发展空间差异的关系分析

我国未来滨海旅游业碳足迹与滨海旅游业发展空间差异的关系分析的基本思路是：首先，根据滨海旅游业人数的预测，得到我国沿海地区未来滨海旅游业碳足迹；其次，预测我国沿海地区滨海旅游业发展状况；最后，根据沿海地区滨海旅游业碳足迹和滨海旅游业增加值的预测值，分析两者的相关关系。

（一）我国沿海地区滨海旅游业碳足迹预测

对于我国沿海地区境内滨海旅游人数的预测，运用沿海地区境内滨海旅游人数历史数据（见表 3 - 36），采用非线性回归分析法估计得到表 3 - 37。

表 3 - 36　我国沿海地区 2004 ~ 2013 年境内滨海旅游人数

单位：万人次

年份	天津	河北	辽宁	上海	江苏	浙江	福建	山东	广东	广西	海南
2004	3751	1040	2558	7603	1432	8902	NA	4555	5313	619	563
2005	5013	2098	4061	9012	1973	12481	NA	6968	7605	786	720

续表

年份	天津	河北	辽宁	上海	江苏	浙江	福建	山东	广东	广西	海南
2006	5515.5	2377	4901	9684	2297	14565	NA	8195	8253	373	778
2007	6018	2613	6150	10210	2686	16879	NA	9927	9238	1097	1057
2008	7004	2553	7735	11006	3146	19229	NA	11490	10170	1191	1175
2009	5537	3362	9800	12361	3655	21948	6938	13580	11696	1630	1299
2010	6118	3968	11655	21463	4255	26371	8262	16055	13612	1958	1564
2011	10605	4790	13586	23079	5090	30547	9280	18807	15538	2347	1799
2012	NA	5977	15225	NA	5839	35048	11665	21660	17411	2811	1989
2013	NA	6304	16898	NA	6606	39788	12709	24114	19338	3260	2209

资料来源：根据《中国海洋统计年鉴》（2005～2015 年）整理而得。

表 3 - 37　我国沿海地区 2020 年和 2025 年境内滨海
旅游人数预测

单位：万人次

年份	天津	河北	辽宁	上海	江苏	浙江	福建	山东	广东	广西	海南
2020	10040	7907	26009	34649	8665	52484	15879	33797	25660	4121	3138
2025	11761	9958	33438	43506	10930	66057	20053	42907	31909	5286	3952

根据表 3 - 37 我国沿海地区 2020 年、2025 年境内滨海旅游人数预测结果，以及沿海地区人均境内滨海旅游碳足迹，可得到 2020 年、2025 年我国沿海地区境内滨海旅游碳足迹预测值（见表 3 - 38）。

表 3 - 38　2020 年、2025 年我国沿海地区境内滨海
旅游碳足迹预测值

单位：千克/人次，万吨

省份	境内滨海旅游人均碳足迹	沿海地区境内滨海旅游碳足迹预测	
		2020 年	2025 年
天津	7.95	79.82	93.50

续表

省份	境内滨海旅游人均碳足迹	沿海地区境内滨海旅游碳足迹预测	
		2020 年	2025 年
河北	77.20	610.42	768.76
辽宁	32.79	852.84	1096.43
上海	63.58	2202.98	2766.11
江苏	176.95	1533.27	1934.06
浙江	195.12	10240.68	12889.04
福建	85.13	1351.78	1707.11
山东	123.00	4157.03	5277.56
广东	133.23	3418.68	4251.24
广西	78.46	323.33	414.74
海南	281.62	883.72	1112.96

对于我国沿海地区入境滨海旅游人数的预测，同样运用沿海地区历史数据（见表 3-39），采用回归分析法得到预测结果（见表 3-40）。

表 3-39 我国沿海地区 2002～2011 年入境滨海旅游人数

单位：万人次

年份	天津	河北	辽宁	上海	江苏	浙江	福建	山东	广东	广西	海南
2002	50.6	18.15	61.11	272.5	10.16	161.57	165.63	70.33	1291.95	7.95	25.69
2003	48.9	10.75	50.09	244.7	13.87	138.16	135.66	59.84	1109.93	3.20	20.84
2004	61.5	20.32	68.20	385.45	18.42	206.17	158.22	87.31	1513.42	5.90	24.75
2005	77.01	21.31	81.45	444.45	24.58	302.63	176.71	113.83	1761.01	6.91	35.23
2006	88.06	24.22	97.95	464.63	29.53	368.09	209.39	142.83	1954.23	8.95	51.99
2007	103.22	26.90	119	520.10	35.46	433.03	244.10	186.13	2236.03	12.73	67.15

年份	天津	河北	辽宁	上海	江苏	浙江	福建	山东	广东	广西	海南
2008	122.04	23.73	142.26	526.47	42.17	453.24	265.50	176.07	2350.61	11.71	64.76
2009	141.02	28.76	168.88	533.39	45.49	473.27	291.58	212.67	2607.52	13.85	42.10
2010	166.07	30.60	133.10	733.72	35.72	415.33	250.25	146.98	2537.73	11.87	55.18
2011	73.07	30.35	132.11	668.61	36.04	419.10	252.52	148.31	2560.72	11.98	55.68

资料来源：根据《中国海洋统计年鉴》（2003～2012 年）整理而得。

表 3 - 40　我国沿海地区 2020 年和 2025 年入境滨海旅游人数预测

单位：万人次

年份	天津	河北	辽宁	上海	江苏	浙江	福建	山东	广东	广西	海南
2020	282.4	49.7	337.6	1055.6	104.3	1094.4	520.2	459.6	4921.2	27.3	124.2
2025	350.0	59.3	419.9	1273.4	130.7	1362.5	628.6	572.9	5979.1	33.6	152.6

根据表 3 - 40 我国沿海地区 2020 年和 2025 年入境滨海旅游人数预测结果，以及沿海地区人均入境滨海旅游碳足迹，可得到 2020 年和 2025 年我国沿海地区入境滨海旅游碳足迹（见表 3 - 41）。

表 3 - 41　2020 年和 2025 年我国沿海地区入境滨海旅游碳足迹预测值

单位：千克/人次，万吨

省份	入境滨海旅游人均碳足迹	沿海地区入境滨海旅游碳足迹预测	
		2020 年	2025 年
天津	533.08	150.54	186.58
河北	743.15	36.93	44.07
辽宁	355.67	120.07	149.35

续表

省份	入境滨海旅游人均碳足迹	沿海地区入境滨海旅游碳足迹预测	
		2020 年	2025 年
上海	670.80	708.10	854.20
江苏	731.29	76.27	95.58
浙江	454.50	497.40	619.26
福建	423.81	220.47	266.41
山东	505.85	232.49	289.80
广东	119.73	589.22	715.88
广西	993.49	27.12	33.38
海南	583.60	72.48	89.06

根据我国沿海地区境内滨海旅游碳足迹预测值（见表 3 - 38）和入境滨海旅游碳足迹预测值（见表 3 - 41），可得到 2020 年和 2025 年我国滨海旅游碳足迹的预测值（见表 3 - 42）。

表 3 - 42 **2020 年和 2025 年我国沿海地区滨海旅游碳足迹**

单位：万吨

省份	2020 年	2025 年
天津	230.36	280.08
河北	647.35	812.83
辽宁	972.91	1245.78
上海	2911.08	3620.31
江苏	1609.54	2029.64
浙江	10738.08	13508.30
福建	1572.25	1973.52
山东	4389.52	5567.36

省份	2020 年	2025 年
广东	4007.90	4967.12
广西	350.45	448.12
海南	956.20	1202.02

（二）我国沿海地区滨海旅游业增加值预测

根据本章对我国滨海旅游业增加值的预测以及沿海地区滨海旅游人数，可估算沿海地区未来滨海旅游业增加值（见表 3 - 43）。

表 3 - 43　2020 年和 2025 年我国沿海地区滨海旅游业增加值预测

单位：亿元

省份	2015 年	2020 年	2025 年
天津	334.13	467.79	645.99
河北	205.69	287.97	397.68
辽宁	605.55	847.77	1170.73
上海	957.28	1340.19	1850.74
江苏	222.65	311.71	430.46
浙江	1368.80	1916.33	2646.35
福建	438.24	613.53	847.26
山东	835.12	1169.17	1614.57
广东	849.72	1189.61	1642.79
广西	100.51	140.71	194.31
海南	82.30	115.22	159.11

（三）沿海地区滨海旅游业碳足迹和滨海旅游业发展的关系分析

对于我国未来滨海旅游业碳足迹与滨海旅游业发展空间差异关系的评价可使用滨海旅游业碳足迹与滨海旅游业增加值的脱钩关系来衡量。反映滨海旅游业碳足迹与滨海旅游业增加值的脱钩关系的指标可采用脱钩指数来表示。脱钩指数是指碳足迹的增长率与滨海旅游业增加值增长率的比值，反映的是滨海旅游业增加值增长的边际碳足迹增长。

1. 脱钩理论和脱钩指数

"脱钩"是研究资源环境压力相对于其无动力变化的方法，是指用少于以往的物质消耗生产多于以往的经济财富，反映经济增长和物质消耗或者环境承载的不同步变化关系。最初，学术界认为"脱钩"是可以自然实现，即随着经济的增长，环境压力会达到一个峰值后开始降低，与收入呈倒 U 形关系，即环境库兹涅茨假说。[①] 但后来学术界发现，库兹涅茨曲线的效果不能自然形成，需要人为干预。脱钩理论是 OECD 于 2002 年正式提出的，认为除了经济增长对环境的内在影响外，还存在政策、产业结构、技术进步等众多外部因素，解释经济增长对碳排放的脱钩需要考虑到能源消费结构、产业结构和政策效应等多方面因素。

为分析滨海旅游业碳足迹与滨海旅游业增加值的关系，定义脱钩指数，即脱钩指数 = 碳足迹增长率/滨海旅游业增加值增长率，这样可以剔除碳足迹和滨海旅游业增加值增长在单位和数量级上的不同。若滨海旅游业增加值增长率为正

[①] 胡聃、许开鹏、杨建新、刘天星：《经济发展对环境质量的影响——环境库兹涅茨曲线国内外研究进展》，《生态学报》2004 年第 6 期。

值，则有四种情况的脱钩含义（见表3-44），即脱钩指数大于1，称为未脱钩，表示碳足迹增长快于滨海旅游业增加值增长；脱钩指数等于1，称为连结，表示碳足迹增长速度等于滨海旅游业增加值增长速度；脱钩指数大于0小于1，称为相对脱钩，表示碳足迹增长速度小于滨海旅游业增加值增长速度，并且两者增速都为正；脱钩指数小于0，称为绝对脱钩，表示碳足迹增速为负，而滨海旅游业增速为正，这是最理想的状态。若滨海旅游增加值增长率为负，则有两种情况的脱钩含义（见表3-44），即脱钩指数大于1，表明滨海旅游业增加值增长没有碳足迹下降得多，称为相对脱钩；脱钩指数小于1，则表明滨海旅游业增加值增长比碳足迹下降得多或滨海旅游业增加值下降而碳足迹上升，称为负脱钩。

表3-44 脱钩指数定义

增加值增长	脱钩指数	脱钩情形
>0	$t>1$	未脱钩，表示碳足迹增长快于滨海旅游业增加值增长
	$t=1$	连结，表示碳足迹增速等于滨海旅游业增加值增速
	$0<t<1$	相对脱钩，表示碳足迹增速小于滨海旅游业增加值增速，两者增速均为正
	$t<0$	绝对脱钩，表示碳足迹增速为负，而滨海旅游业增加值增长为正，这是最理想的状态
<0	$t>1$	相对脱钩，滨海旅游业增加值增长没有碳足迹下降得多
	$t<1$	负脱钩，滨海旅游业增加值增长比碳足迹下降得多或滨海旅游业增加值下降而碳足迹上升

2. 滨海旅游碳足迹与滨海旅游业增加值的脱钩分析

依据脱钩指数的定义和对我国沿海地区滨海旅游业碳足迹以及滨海旅游业增加值的预测，可以分析出我国滨海旅游业碳足迹与滨海旅游业增加值之间的脱钩关系。根据预测，我国沿海地区 2010～2025 年滨海旅游业增加值增长率都为正，即 2010～2015 年沿海地区滨海旅游业增加值年均增长率为 2.079%，2015～2020 年年均增长率为 5.768%，2020～2025 年年均增长率为 5.527%。就脱钩指数而言，2010～2025 年，我国沿海地区滨海旅游碳足迹与滨海旅游业增加值的脱钩指数整体呈下降趋势。2010～2015 年脱钩指数大于 1，为未脱钩，表示这一时期碳足迹增长快于滨海旅游业增加值增长。2015～2025 年，脱钩指数介于 0 与 1 之间，为相对脱钩，表示碳足迹增速小于滨海旅游业增加值增速，两者增速均为正（见表 3－45）。

表 3－45　我国沿海地区滨海旅游碳足迹与滨海旅游业
增加值的脱钩指数

省份	2010～2015 年	2015～2020 年	2020～2025 年
天津	2.261	0.716	0.599
河北	3.156	0.875	0.700
辽宁	4.079	0.978	0.761
上海	1.386	0.826	0.670
江苏	3.516	0.896	0.713
浙江	3.327	0.884	0.706
福建	3.053	0.873	0.699
山东	3.741	0.927	0.731
广东	3.012	0.809	0.659
广西	3.521	0.970	0.757
海南	3.379	0.880	0.703

第四章 滨海旅游业低碳化发展的途径研究

根据第三章研究结果，我国滨海旅游业六大部门的碳足迹比重依次为滨海旅游交通、住宿、娱乐、购物、游览和餐饮，其中滨海旅游交通碳足迹和住宿碳足迹是滨海旅游业碳足迹的主体，两项碳足迹比重之和为97%以上。对于实现滨海旅游业低碳化发展的途径，从治理的实施者角度，则需要重点发挥政府、旅游企业和旅游者的作用。从治理的对象角度，则需要从交通、住宿、娱乐、购物、游览和餐饮六个要素出发，提出降低滨海旅游业碳排放的途径。而滨海旅游交通是滨海旅游业减排的关键行业，其碳排放量主要受到出游的交通方式、距离等因素的影响。而购物、住宿、娱乐、游览和餐饮都在滨海景区内进行，并且滨海景区内也涉及一部分旅游交通。因此，发展低碳旅游交通和科学规划滨海低碳旅游景区是实现滨海旅游业低碳化发展的关键途径。本章运用滨海旅游调研资料，选择福建省已选划预留的滨海旅游区作为案例，从滨海旅游业低碳化发展的治理实施者及治理对象两个角度出发，针对滨海旅游业食、住、行、游、购、娱六要素，研究实现滨海旅游业低碳化发展的途径。

一　发挥政府、旅游企业和旅游者的作用

滨海旅游业实现低碳化发展需要政府、旅游企业和旅游者三方主体共同参与。应充分发挥政府主管部门的引导、督促作用，通过制定和实施规划、法规和政策，为滨海旅游业实现低碳化发展创造良好的宏观环境。旅游企业在滨海旅游业实现低碳化发展的过程中应起到主体作用。滨海旅游者应积极参与，将低碳旅游的理念应用到实践中。

（一）充分发挥政府的主导作用

滨海旅游业实现低碳化发展，中央政府和沿海地区政府应当发挥主导作用，在政策上给予引导和支持。例如，英国、德国、韩国、日本等十几个国家已经实施低碳产品认证制度，部分国家已实施碳税制度。

1. 发挥政府的宏观调控作用

沿海地区政府制定本地区的滨海旅游低碳化发展的行动计划，通过政策影响旅游企业和旅游者，促进滨海旅游业的低碳化发展。政府逐步推动实施碳税制度，对于高能耗、高污染、高排放的旅游企业，按照其对资源的利用程度和对环境的破坏程度、污染程度等征收碳税、污染产品税、排污税等环境资源税。对于利用太阳能、水能、风能、生物质能、海洋能等可再生能源的旅游企业实施税收减免或补贴。通过碳税制度，加大调控力度，激励企业发展低碳旅游。同时，政府主管部门应完善旅游行业准入标准，制定低碳旅游指标体系和标准，加强对滨海旅游景区及相关企业的低碳考核与管理。

2. 科学规划滨海旅游景区的游客最大承载量

2015 年 1 月 10 日，国家旅游局下发《景区最大承载量核定导则》。景区最大承载量是指在一定时间条件下，在保障景区内每个景点旅游者人身安全和旅游资源环境安全的前提下，景区能够容纳的最大的旅游者数量。《导则》同时给出了景区最大承载量明确的测算方法和公式。

滨海旅游景区应结合国家、地方和行业已颁布的相关法规、政策、标准，采用定性和定量相结合、理论与经验相结合的方法核定旅游者最大承载量。滨海旅游景区在开发前期做出全面的科学的论证，进行合理的评估与规划，将旅游者数量严格控制在旅游环境承载力范围内。滨海旅游景区应逐步推进旅游者流量监测常态化，采用门禁票务系统、景区一卡通联动系统、景点实时监控系统等技术手段，控制旅游者流量。

3. 在全社会营造低碳氛围

政府主管部门必须发挥倡导者、引领者和宣传者的作用。政府应充分利用自身优势，运用网络、媒体等宣传渠道，宣传低碳生活模式，使低碳旅游意识深入人心，提高滨海旅游者低碳旅游意识。

沿海地区政府在提高低碳旅游意识中承担主体责任。政府部门应发挥好宣传的作用，充分发挥电视、广播、报刊、网站等多种公共媒体的作用，大力宣传普及气候变化、环境保护、低碳旅游、节能减排的知识，让节能减排融入政府的执政理念，融入企业的发展道路中，融入大众的具体行动中。动员多方面宣传力量，对公民扩大普及环境知识，提升其对低碳旅游重大社会意义和价值的认识，使其意识到个人旅游行为对节能减排的重要影响，并且要向旅游者传播低碳旅游消费行为以及碳补偿的具体做法，使旅游者意识到节能减排的社会责任。如制作低碳旅游工艺广告，在电视上广为传播；通过低碳旅游网站发布低碳资讯，提供低碳旅游指南等。向民众传播环保知识和低碳旅游知识，使其认识到碳排放造成气候变化的危害和当前全球气候变暖带来的严重后果，了解低碳旅游发展的基本模式，充分认识自己应采取低碳旅游消费行为的必要性，以及自身应承担的节能减排的重大责任。

沿海地区政府应制定相应低碳环保标准，了解企业落实节能减排工作所面临的困难，提供适当的支持、引导和帮助，可以采用奖励措施激励旅游从业者节能减碳，协助旅游企业转变经营方式，并给予旅游企业低碳认证。同时督促完善旅游从业人员环境素养的培训机制，为旅游者提供所需低碳旅游服务和资源。政府推动节能减排工作还应引进环保团体、社区等力量，共同参与，发挥更大的影响力。

（二）发挥旅游企业的主体作用

旅游企业包括旅行社、旅游饭店、旅游景区、旅游交通公司等。应充分发挥旅游企业在低碳技术开发、低碳产品研制和市场开拓方面的优势，使滨海旅游低碳化发展不断推进。旅游企业不仅自身需要做到节能减排，还需积极主动引导旅游者参与。

1. 旅游企业内部建立低碳旅游的长效管理机制

旅游企业需严格遵守《环境影响评价法》《节能减排法》《清洁生产法》《能源节约法》等一系列法律、法规。充分利用节能减排产业政策、财税政策、技术开发和推广政策，淘汰落后产能，尽量向社会提供资源消耗少、环境污染少的绿色产品。旅游企业按照《节能减排统计监测及考核实施方案和办法》（国发〔2007〕36 号）建立节能减排统计体系、监测体系和考核体系，建立定期发布社会责任公报的制度，主动接受社会的监督。

2. 鼓励和开展低碳技术创新

开展技术创新是实现碳减排的关键措施。旅游企业应加强节能减排领域的技术创新，重点是降低在旅游产品生产过程中的资源、能源消耗，减少污染物排放，实现废弃物的再循环利用。加快研发使用低碳能源的旅游交通工具。

3. 树立低碳旅游经营理念

旅游企业应将低碳旅游的理念贯穿到经营管理中去，重视低碳体系的构建与完善，合理配置资源，强调企业建设与企业运营的资源低消耗、污染低排放。避免一味追求奢侈、便捷的开发经营理念，从思想的转变上来引领企业走低碳旅游的发展道路。

4. 旅游企业承担着提高低碳旅游意识的重任

旅游企业在低碳旅游知识的传播和教育方面承担重要责任。旅游企业的从业人员是低碳发展的重要力量，承担着低碳旅游实践和推广的责任。应加强旅游从业人员低碳旅游知识的培训力度，只有旅游从业人员具备了低碳旅游知识和较高的环保意识，才能向旅游者大力宣传低碳旅游理念和知识，提高旅游者的低碳旅游意识。

旅游企业从业人员应积极向旅游者宣传和推广低碳旅游知识，旅行社积极向旅游者推荐低碳旅游路线，积极营造良好的低碳旅游氛围，也可邀请有社会影响力的个人或团队开展低碳旅游宣传，提高社会影响力。

旅游企业尤其是景区应培育碳汇旅游体验环境。旅游目的地和旅游景区应建立碳汇机制，吸收、储存旅游者和旅游社区居民日常活动的碳排放，实现区域性的碳中和，实现旅游区域的零碳排放。培育碳汇旅游景区，需要政府部门、旅游景区、旅行社及旅游者多方合作完成。政府应积极推动碳汇机制的建立和实施，设置专门的监督机构，构建指标体系定量评价和考核碳汇旅游体验水平，以培育高水平的碳汇旅游体验环境。

5. 大力开发滨海低碳旅游产品

滨海旅游业低碳化发展要求滨海旅游者应积极践行低碳化的旅游消费方式，而低碳化的旅游消费方式必须建立在低碳旅游产品开发的基础上。结合我国沿海地区滨海旅游产品的开发现状及特征，滨海低碳旅游产品的开发具体包括低碳餐饮产品开发、低碳住宿产品开发、低碳交通产品开发和低碳购物产品开发。

低碳餐饮产品开发。我国滨海旅游区低碳旅游餐饮产品的开发应根据沿海地区特色，力求旅游餐饮生态化，立足沿海地区丰富的绿色食品、海鲜食品资源，发挥具有生态色彩的餐饮环境以及传统的烹饪技艺优势，迎合滨海旅游者对天然食品喜好的消费心理，向滨海旅游者提供绿色食品、生态食品，力求返璞归真，享受滨海旅游的乐趣。减少非环保、高能耗、高碳排的饮食活动（如烧烤、碳烤），提倡素食等健康饮食方式。减少对一次性餐具和塑料制品的使用量，加强可回收物品的回收处理。

低碳交通产品开发。低碳旅游交通产品的开发实质上是旅游交通领域的高能源利用效率和清洁能源结构问题，关键在于新能源的探索、技术创新、旅游观念和旅游交通方式的转变等。旅游企业应积极倡导自行车、公共汽车、电动车等无碳或低碳的旅游交通方式。交通工具尽量采用新能源。在我国滨海旅游者中选择飞机等交通方式的占有相当的比重。因此，我国航空业需要加大技术革新以提高燃料效率，积极采用更有效的航空交通管理办法，如建设高效的航空基础设施、减少航班次数、提高运营效率等。机动游船是滨海旅游及客运的主要交通工具，大部分的机动游船均以燃油发动机为动力，其产生的含油废水、生活垃圾污染、生活污水等对水环境造成很大的破坏。因此，应尽量减少燃油机动船的数量，大力发展太阳能、氢能燃料电池等技术，并采用先进的技术解决海上运输生活污水等问题，这不仅可以实现较少的滨海旅游业碳排放，而且可以降低旅游船舶的运行动力成本。

低碳购物产品开发。低碳旅游发展模式要求滨海旅游者出行时尽量多购买旅游目的地的特色产品和旅游纪念品，减少当地居民为谋生而破坏海洋资源和环境的行为。因此，低碳滨海旅游购物产品开发具体指向包括打造特色旅游购物品牌。结合沿海地区特色和实际，确定特色旅游物品，对特色旅游购物产品的开发要逐渐实现生态化经营，尽量减少生产过程中的二氧化碳排放；建立特色旅游购物产品专门营销点。在滨海旅游景区划定一定区域修建旅游购物一条街，在主要旅游景点和游客相对集中的区域建立专业化水平较高的特色旅游产品生产营销基地，使滨海旅游物品生产、营销集中化，减少滨海旅游者为购买旅游目的地特产而浪费旅途行程。

低碳旅游住宿产品开发。低碳旅游住宿产品的开发需要坚持"绿色酒店"的经营模式。酒店的全面低碳化发展需要借助酒店各部门的节能降耗来推动。一方面，酒店需要对自身的能源消耗情况、使用效率及其比例和种类有深入的了解，并针对能源的性质进行时间、温度等方面的相应控制，进而制订全方位的酒店能源管理计划；另一方面，酒店要尽量利用可再生能源，节水节电，减少一次性物品的使用，采用节能技术，提高能源效率，合理利用常规能源，最终促使酒店实现无污染的绿色发展。

（三）滨海旅游者是滨海旅游业低碳化发展的践行者

滨海旅游者是低碳旅游产品生产和开发方向的决定者，是滨海旅游业低碳化发展的主要力量。滨海旅游业实施低碳旅游理念的程度由市场最终决定，同时也要看滨海旅游者支持滨海旅游业低碳化发展的程度。滨海旅游市场由滨海旅游者的消费意愿和消费能力决定，滨海旅游者是否选择低碳旅游产品，决定着旅游企业提供旅游产品的方向和动力，同时也激励着政府推动滨海旅游业低碳化发展。根据科技部社会发展科技司研究结论："若中国 13 亿人口积极参与节能减排 36 项日常生活行为，每年节能总量约为 7700 万吨标准煤，二氧化碳减排约为 2 亿吨。"[①] 根据此项研究，我国沿海地区滨海旅游者的节能减排潜力十分可观。因此，滨海旅游者应积极践行低碳化的旅游消费方式。低碳化的旅游消费方式是指在旅游消费过程中尽量减少碳排放量，具体来说就是要做到低碳饮食、低碳住宿、低碳交通和低碳购物。具体运行模式如下。

1. 低碳饮食

滨海旅游者在旅行过程中应树立低碳饮食理念，控制碳水

---

① 科学技术部社会发展科技司、中国 21 世纪议程管理中心：《全民节能减排使用手册》，社会科学文献出版社，2007。

化合物的消耗量。根据科技部测算，少消耗 0.5 千克粮食（以水稻为例），可节能约 0.18 千克标准煤，相应减排二氧化碳 0.47 千克。2013 年我国滨海旅游人次数为 17.73 亿，如果全国滨海旅游者平均每人次减少粮食浪费 0.5 千克，每年可节能约 31 万吨标准煤，减排二氧化碳 82 万吨。旅游企业特别是餐饮业应通过网站、旅游宣传栏等形式大力宣传低碳饮食对减少碳排量的作用，积极倡导以低碳饮食为主导的科学膳食平衡，引导滨海旅游者潜意识形成低碳饮食理念，并为旅游者设计多种低碳食品选择。此外，作为饮食节能的重要途径，旅行社应有效引导旅游者吃旅游地生长及本地企业生产的食品，减少食品流通环节的碳排放。

2. 低碳住宿

滨海旅游者应尽量少选择高档豪华的大酒店；尽量自带生活必需品，而少用酒店提供的一次性盥洗用品；养成良好的住宿习惯，如控制室内的温度、随手关灯、不将电器长时间处于待机状态等。研究表明，如果每台空调在国家提倡的 26℃基础上调高 1℃，每年可节电 22 度，相应减排二氧化碳 21 千克。如果对全国沿海地区 77 万台空调都采取这一措施，那么每年可节电约 1700 万度，减排二氧化碳约 1600 万吨。如果旅游者能够自觉调控空调温度至合理范围，就是践行了低碳滨海旅游。[①]

滨海旅游者践行低碳住宿，一方面，旅行社要采取有效方式，如在宾馆服务指南上详细介绍低碳住宿的实现途径、低碳住宿对减少碳排量的重要性等，加深滨海旅游者对低碳

---

① 科学技术部社会发展科技司、中国 21 世纪议程管理中心：《全民节能减排使用手册》，社会科学文献出版社，2007。

住宿的认识，引导游客养成良好的住宿习惯；另一方面，应加大对家庭旅馆、乡村旅社等生态住宿产品的开发建设力度，满足不同滨海旅游者的需要。同时，借鉴其他地区成功经验，逐步取消提供宾馆一次性生活用品。

3. 低碳交通

交通是滨海旅游业发展的重要支撑，其碳足迹在滨海旅游业总碳足迹中占 95% 以上，节能空间较大。滨海旅游者进入滨海旅游目的地，一般有三种交通方式可以选择：一是由外地进入滨海目的地的交通方式；二是在滨海旅游目的地出行的各种交通方式；三是滨海旅游景区内部的交通方式。对于这三种类型，旅游企业应向滨海旅游者倡导、鼓励或提供低碳交通选择。针对第一种交通，即外地进入滨海旅游目的地交通工具的选择，旅游企业应选择具有碳补偿计划以及选择最短路线的航空公司、低排放的客运公司进行合作，并积极向滨海旅游者宣传、倡导低碳理念。针对第二种交通方式，即在滨海旅游目的地交通工具的选择，旅游企业应结合滨海旅游景区实际建设自行车旅游专线，以石油、液化气等为燃料的绿色观光旅游交通线路等，并积极向滨海旅游者推荐、宣传，引导旅游者在目的地选择低碳交通工具。对于滨海旅游景区企业而言，第三种交通方式的选择是实施交通低碳生产模式的最佳空间，滨海旅游景点管理部门应积极倡导并建立自行车、徒步游、生态游等旅游线路，并完善相关的配套设施。根据研究，如果旅游者骑自行车或步行代替驾车出行 100 千米，可以节油约 9 升；坐公交车代替自驾车出行 100 千米，可省油 5/6。按以上方式节能出行 200 千米，每人可以减少汽油消耗 16.7 升，相应减排二氧化碳 36.8 千克。

4. 低碳购物

低碳购物即要求滨海旅游者在滨海旅游目的地购物时，尽量购买低碳化物品。一方面，旅行社应向滨海旅游者积极宣传低碳购物对减少碳排放的重要性，引导滨海旅游者在购物消费环节的低碳节能；另一方面，商品生产部门应加大对低碳旅游物品的开发力度，商品销售部门购进货物时应多选择本地生产的商品，减少商品运输环节的碳排放，提供多种低碳商品选择并引导滨海旅游者低碳购物。

二 科学规划和建设潜在滨海旅游区为低碳滨海旅游景区

2008 年，国家海洋局"我国近海海洋综合调查与评价"专项设计了"新型潜在滨海旅游区评价与选划研究"专题。项目于 2011 年 11 月通过验收。该项目与国家和地方海洋经济、滨海旅游区经济发展的需求相结合，以沿海 11 个省、自治区、直辖市的近海调查资料结果为基础，对我国管辖的全国海域以及必要的邻近陆域选划了 80 余个新型潜在滨海旅游区。该成果不仅可为国家和省级海洋经济发展规划、旅游规划、海洋功能区划的制定和修订提供技术支撑，也可为国家储备滨海旅游资源提供决策依据。对于潜在滨海旅游区未来的规划和建设应坚持在低碳旅游发展理念的指导下，以低能耗、低碳排放、低污染为原则，建设新的旅游景区或对传统旅游景区进行低碳化改造，使滨海旅游景区走上低碳化的可持续发展道路。科学规划和建设低碳滨海旅游景区是实现滨海旅游业低碳化发展的关键。低碳滨海旅游景区的科学规划和建设是一项系统化的工程，其涉及从景区的基础设施到管理，从物质消耗到旅游服务等一整套工程体系，需要政府、旅游管理部门的共同参与。具体来说，低碳滨海旅游景区的建设主要包括低碳滨海旅游景区管理体系建设、低碳滨海旅游景区基础设施建设、低碳滨海旅游景区的日常维护以及低碳滨海旅游景区的支持体系等方面。

（一）福建省潜在滨海旅游区概况

我国背靠欧亚大陆，面向浩瀚的太平洋，有约 300 万平方千米的可管辖海域，18000 千米的大陆海岸线，6500 多个面积大于 500 平方米的岛屿，海陆的相互作用和人类活动，形成了类型多样的滨海旅游资源。这些旅游资源分布的区域，有的已经得到完全开发。对于具有旅游资源，适于发展旅游及其相关活动，但在现有认识或经济、技术等条件的制约下尚未开发或开发程度较低的滨海空间或地域，称之为潜在滨海旅游区。

1. 潜在滨海旅游区的类型

我国潜在滨海旅游区主要有 7 种类型：①生态滨海旅游区，以保护自然环境和满足当地人民生活需求的旅游活动为主要功能的滨海空间或地域；②休闲渔业滨海旅游区，以海洋渔业和现代旅游相结合的活动为主要功能的滨海空间或地域；③观光滨海旅游区，以观光、游览自然风光和名胜古迹为主要功能的滨海空间或地域；④度假滨海旅游区，以度假休养为主要功能的滨海空间或地域；⑤游艇旅游区，以游艇活动为主要功能的滨海空间或地域；⑥特种运动滨海旅游区，以竞技性和强烈个人体验的旅游活动为主要功能的滨海空间或地域；⑦海岛综合旅游区，依托海岛及其周围海域，提供多种形式旅游活动的空间或地域。

　　我国潜在滨海旅游区有 74 个，其中福建省有 11 个潜在滨海旅游区，对于每个潜在滨海旅游区确定了初步的功能定位（见表 4 - 1）。

表 4 - 1　福建省国家级潜在滨海旅游区选划结果

序号	潜在滨海旅游区名称	类型	功能定位
1	泉州湾旅游区	生态滨海旅游区	重点开发区
2	漳江口旅游区	生态滨海旅游区	适度开发区
3	三都湾旅游区	休闲渔业滨海旅游区	重点开发区
4	南日岛旅游区	休闲渔业滨海旅游区	重点开发区
5	佛昙湾旅游区	休闲渔业滨海旅游区	禁止开发区
6	下沙旅游区	特种运动滨海旅游区	重点开发区
7	闽江口旅游区	度假滨海旅游区	重点开发区
8	云霄院前旅游区	游艇旅游区	重点开发区
9	大嵛山岛旅游区	海岛综合旅游区	重点开发区
10	平潭岛旅游区	海岛综合旅游区	重点开发区
11	东山岛旅游区	海岛综合旅游区	重点开发区

　　2. 潜在滨海旅游区的功能定位

　　潜在滨海旅游区功能可分为重点开发区、引导开发区、适度开发区、禁止开发区四类。

　　（1）重点开发区

　　重点开发区是指有一定的旅游资源开发基础或初步开发，资源环境承载能力较强、区域旅游发展战略明确的旅游区。这类旅游区应当按照区域旅游发展战略加大开发力度，注重旅游资源的挖掘和创新，丰富和提升旅游产品，加强旅游市场的扩展，提升旅游吸引力，逐渐发展成为滨海地区的重要旅游目的地。福建省 11 个潜在滨海旅游区中，有 9 个重点开发区（见表 4 - 1）。

（2）引导开发区

引导开发区是指区内旅游资源开发处于起步阶段或者未进行开发，资源环境承载能力一般、区域旅游发展战略明确的旅游区。这类旅游区应当按照区域旅游发展战略，通过政策引导、开发模式引导，促进区内旅游资源开发。当条件必备时，可向重点开发区转变。

（3）适度开发区

适度开发区是指潜在滨海旅游区中以自然保护区、海洋特别保护区为主体的旅游区。这类旅游区保护型开发，重点都是发展滨海生态旅游。福建省 11 个潜在滨海旅游区中，有 1 个适度开发区（见表 4 - 1）。

（4）禁止开发区

禁止开发区是指区内旅游资源未进行开发，近期内区域旅游发展战略不明确的旅游区。这类潜在滨海旅游区近期内实行严格的保护政策，予以预留，不进行任何开发活动。福建省 11 个潜在滨海旅游区中，有 1 个禁止开发区（见表 4 - 1）。

3. 福建省潜在滨海旅游区现状

福建省潜在滨海旅游区主要有生态滨海旅游区、休闲渔业滨海旅游区、特种运动滨海旅游区、度假滨海旅游区、游艇旅游区、海岛综合旅游区六种类型。其中，生态滨海旅游区有泉州湾旅游区、漳江口旅游区；休闲渔业滨海旅游区有三都湾旅游区、南日岛旅游区、佛昙湾旅游区；特种运动滨海旅游区有下沙旅游区；度假滨海旅游区有闽江口旅游区；游艇旅游区有云霄院前旅游区；海岛综合旅游区有大嵛山岛旅游区、平潭岛旅游区、东山岛旅游区。共 11 个旅游区。

（1）泉州湾旅游区

泉州湾旅游区位于福建省泉州古港北部、泉州市东部，为半封闭海湾。河流与海流相互作用塑造了广袤的河口湿地，物种非常丰富。泉州湾沿岸名胜古迹众多，是"世界宗教博物馆"。清净寺是"世界四大回教古寺"之一，为"中国四大回教古寺"之首，开元寺为"中国三大戒台"之一。泉州具有鲜明的海洋文化，如东海镇的浔埔女风情、宋代洛阳桥，记录海上丝绸之路的九日山、灵山圣墓、真武庙、妈祖庙，以及后渚港沉船遗址和法石村古渡口，惠安女服饰等。泉州湾生态滨海旅游资源开发仍处于初级开发状态，特别是泉州湾湿地旅游资源、黄岐半岛沿岸的沙滩和海岛等自然旅游资源还未进行充分开发。泉州湾滨海资源的景观组合状况良好，需要通过科学规划，进一步挖掘其资源的潜力。

（2）漳江口旅游区

漳江口旅游区位于云霄县东部、漳浦县西部。漳江口红树林保护区为国家级自然保护区，是福建省迄今为止面积最大、种类最多、生长最好的天然红树林分布区，也是我国北回归线以北保存生物多样性最为丰富的地区。漳江口周边的旅游资源数量较少，类型较为单一，其沿岸的旅游资源主要为沙西海月岩景区。目前，旅游资源还处于初级开发状态，尚未有针对红树林的旅游开发项目。

（3）三都湾旅游区

三都湾旅游区位于福建省东北部霞浦、福安、宁德、罗源等市县间，面积约714平方千米，是个半封闭型的海湾。三都湾内的官井洋是全国著名的大黄鱼天然产区，2008年，沿岸的宁德市蕉城区被农业部认定为"大黄鱼之乡"和全国农业观光示范点。三都湾周边旅游资源非常丰富，素有"海上明珠"之称。斗帽岛、青山岛、三都岛、七星白礁——古猿人、鸡公山、笔架山等景点和遗址的风光都久负盛名。目前，斗帽岛景区的开发已初具规模。但整个三都湾区域休闲渔业的发展目前还处于空白阶段。

（4）南日岛旅游区

南日岛旅游区位于兴化湾东面，是福建省第三大岛，陆域总面积52平方千米，由111个岛礁组成，海岸线总长66.4千米。周边海域水深通畅，水质优良，岛上气候宜人、空气清新，拥有多个自然、人文和军事景观，还有鲜美的南日鲍鱼等特色海鲜，是一个适宜避暑旅游的原生态岛屿。应该围绕南日鲍鱼做好产品设计，开发出具有南日岛特色的休闲渔业项目。

（5）佛昙湾旅游区

佛昙湾旅游区位于福建南部漳浦县，湾内水域窄小，0米以下水深面积仅约2平方千米。环湾区域几乎没有工业，仍保持着青山绿水的原生态美景，而且佛昙湾海域水质优良，是进行海钓的良好场所。目前，佛昙湾休闲渔业的发展还处于空白阶段，基础设施尚未完善。

（6）下沙旅游区

下沙旅游区位于福州市长乐市东南沿海南部，距长乐市中心20平方千米。下沙滨海度假村风光得天独厚，大海、沙滩、岛礁、山峰、海滨森林诸种景观比邻呼应。长8000米、宽400米的宽阔海滩，沙细坡缓。在长乐沿海海域，由于受东北及东偏北风的影响，海浪从湾口涌向湾内，可辟为冲浪练习娱乐场。下沙海滨度假村旅游开发时间较早，但近年来由于经营管理不善，目前沙滩质量恶化，同时周边也开发了类似的度假区，导致客源分流，处于衰退状态。

（7）闽江口旅游区

闽江口旅游区处于福建省东部，是闽江的入海口，涉及福州市区、长乐和连江等区域，由若干个岛屿（洲、滩）、滩涂（含泥质、沙质等）、水域、红树林等组成，鸟类资源、植物资源、水产资源、自然和人文旅游资源丰富（见图4－1、图4－2）。闽江口旅游区目前仅琅岐岛旅游资源进行了一定程度的开发，其他旅游资源开发尚处于起步阶段，应大力将该区域开发为自然、文化相结合的休闲景区。

图4－1　连江沿岸沙滩

图4－2　长乐江、海分界碑

（8）云霄院前旅游区

云霄院前旅游区位于福建省漳州市云霄县陈岱镇院前村。滨海位置属外海深海、内澳天然避风港湾，海岸线自然景观优美，具备发展游艇滨海旅游先天优势。目前，游艇滨海旅游开发处于起步阶段，旅游资源尚未充分开发。

（9）大嵛山岛旅游区

大嵛山岛旅游区位于福建省霞浦县东北海域，由大嵛山、小嵛山、鸳鸯岛、银屿等11个大小岛屿组成。岛上风光旖旎，有天湖泛彩、蚁舟夕照、沙滩奇纹、南国天山、海角晴空等胜景，也有大使宫、妈祖宫、天福寺等文物古迹。大嵛山岛的自然景观已被确定为国家级太姥山风景区四大景观之一。旅游资源开发目前仍处于初级阶段，以观光游和休闲游为主。

（10）平潭岛旅游区

平潭岛旅游区东临台湾海峡，西隔海坛海峡，与长乐市、福清市、莆田市为邻。南北长29千米，东西宽19千米，面积为267.13平方千米，为全国第五大岛、福建第一大岛。平潭岛旅游资源丰富，海蚀地貌得天独厚，海湾沙滩和沙坡沙堤资源众多，海岛民居民俗文化独具特色，海产品资源丰富多样，同时有临近台湾的地缘优势。目前，平潭岛的旅游资源开发仍处于初级阶段，游客主要以观光游为主。在旅游资源开发中，自然资源开发尚可，而丰富的人文资源则有待于进一步开发和挖掘。

（11）东山岛旅游区

东山岛旅游区东濒台湾海峡，西临诏安湾，东南是著名的闽南渔场和粤东渔场交汇处，北经八尺门海堤。面积为188平方千米，是福建省第二大岛，海岸线总长为141.3千米。东山岛的旅游资源非常丰富，集中表现为海洋气候、海岛风光、海鲜美食、海峡风情、海洋文化。东山岛的渔家文化、关帝文化、海岛文化、考古文化、军事文化等文化体系交相辉映。东山岛曾获得"中国民间艺术之乡"殊荣。东山岛基础设施配套较好，旅游接待能力强。已开发成熟的景区有观光朝圣区、马銮湾景区、金銮湾景区，均已初具规模。目前主要是观光旅游和粗放型的滨海度假游，产品单一（见图4－3）。在旅游资源开发中以自然资源开发较好，人文资源则有待于进一步深入挖掘。

图4－3 东山岛景观

（二）低碳滨海旅游景区管理体系建设

1. 政策体系和行业标准

（1）低碳滨海旅游景区的政策体系

低碳滨海旅游景区建设是一项系统性的工程，健全的政策体系和行业标准具有重要意义。低碳滨海旅游政策体系包括政府层面的旅游政策体系、旅游企业层面的政策体系和社会层面的政策体系。

政府层面的低碳旅游政策包括严格遵守我国已发布的有关低碳经济、低碳旅游方面的法律、法规，如《能源节约法》《可再生能源法》《清洁生产促进法》《城市生活垃圾处理及污染防治技术政策》《固体废物污染环境防治法》等。

旅游企业层面的低碳旅游政策包括建立旅游企业环境影

响评价制度，加强和完善旅游项目的审查制度，在旅游企业中大力提倡低消耗、低排放、低污染的发展模式；引入旅游景区低碳化等级评定制度；对旅游从业人员进行低碳知识、低碳态度和低碳技能的培训。

社会层面的低碳旅游政策体系包括制定低碳旅游宣传政策，增强公众环保责任感；完善低碳旅游的消费政策和制度体系，鼓励低碳旅游活动和低碳消费方式。

除了国家和地方的政策外，旅游景区也应依据本地实际情况，制定和出台相关的政策体系，以保证旅游景区低碳化发展的顺利进行。低碳旅游景区的政策体系建设应包括：制定相应的低碳化方针，明确低碳行动目标和可量化指标，并制定完善的监管政策；制定滨海旅游景区低碳化发展规划；制定滨海旅游景区的低碳消费政策、教育管理政策、宣传政策、招商引资政策等。

（2）低碳滨海旅游景区的行业标准体系建设

我国目前现有的旅游行业标准包括四大类，分别为旅游饭店标准、旅行社类标准、旅游交通类标准和旅游景区类标准（见表4-2）。

表4-2　我国旅游行业标准体系

分类	名称	编号
旅游饭店标准	旅游饭店公共信息图形符号标准	LB/T 001—1995
	星级饭店客房客用品质量与配备要求	LB/T 003—1996
	绿色饭店等级评定标准	SB/T 10356—2002
	酒店迎送礼仪标准	JD/L Y001—2003
	旅游涉外饭店星级的划分及评定标准	JD/L Y016—2003
	饭店业星级服务人员资格条件	SB/T 10420—2007

续表

分类	名称	编号
旅游饭店标准	中华人民共和国旅游涉外饭店星级评定检查员制度	JD/L Y018—2003
	绿色旅游饭店标准	LB/T 007—2006
	中华人民共和国评定旅游涉外饭店星级的规定	JD/L Y017—2003
	饭店业星级侍酒师条件	SB/T 10479—2008
	餐饮企业经营规范	SB/T 10426—2007
旅行社类标准	旅行社出境旅游服务质量标准	LB/T 005—2002
	旅行社国内旅游服务质量要求	LB/T 004—1997
旅游交通类标准	旅游汽车服务质量标准	LB/T 002—1995
	道路旅客运输企业等级标准	JT/T 630—2005
旅游景区类标准	娱乐中心服务标准流程	JD/KL 001—2003
	水利旅游项目综合影响评价标准	SL 422—2008
	水利风景区评价标准	SL 300—004

根据现有的行业标准体系，低碳旅游行业标准体系的建设同样应包含旅游景区类、旅游饭店类、旅游交通类、旅行社类（见表4-3）。

表4-3 低碳旅游行业标准体系

分类	名称	分类	名称
旅游景区类	低碳型旅游景区规划标准	旅游景区类	低碳型旅游景区等级评定检查员制度
	低碳型旅游景区从业人员资格		低碳型旅游景区审查制度
	低碳型旅游景区建设标准		低碳型旅游景区旅游商品质量检测标准
	低碳型旅游景区服务标准流程		
	低碳型旅游景区等级划分及评定标准		低碳型旅游景区旅游产品标准

续表

分类	名称	分类	名称
旅游交通类	旅游交通系统低碳化建设标准	旅行社类	低碳型旅行社等级划分及评定标准
	低碳型旅游车辆管理制度		低碳型旅行社服务标准流程
	低碳型旅游汽车服务标准		低碳型旅游城市评审制度
	道路旅客运输企业低碳化标准		低碳旅游项目综合影响评价标准
旅游饭店类	低碳型旅游饭店准入制度		
	低碳型旅游饭店等级划分及评定标准		
	低碳型旅游饭店等级评定检查员制度		
	低碳型旅游饭店建设标准		
	低碳型旅游饭店服务标准		
	旅游涉外饭店低碳标准		
	低碳型旅游饭店审查制度		
	低碳型旅游饭店公共信息图形符号标准		

2. 低碳化监督管理指标体系建设

滨海旅游景区的低碳化监督管理指标体系建设包括滨海旅游景区低碳化管理指标体系建设和景区碳排放监测指标体系建设。

（1）滨海旅游景区低碳化管理指标体系建设

滨海旅游景区低碳化管理指标体系建设可以参考旅游景区绿色管理指标体系建设方面的成果①，将滨海旅游景区低碳化管理指标体系构建如下。

一级指标包括管理组织指标、经济指标、社会指标、景区

---

① 邱云志：《旅游业绿色管理》，山西教育出版社，2003。

环境指标、景区建筑指标、景区交通指标、景区饭店指标。

管理组织指标包括建设低碳管理组织、制定滨海旅游景区低碳规划。

经济指标包括景区旅游收入、景区旅游投入、景区低碳建设效益（绿化投入占总收益比、节能设施投入占总收益比、低碳教育投入占总收益比、低碳建筑投入占总收益比、低碳交通投入占总收益比、低碳旅游产品投入占总收益比、景区污染处理投入占总收益比）。

社会指标包括景区就业人数、景区旅游人数、游客满意度（可用游客投诉率表示）、居民满意度（可用居民投诉率表示）。

景区环境指标包括景区绿化面积占景区面积比、旅游污染处理率、旅游资源利用率（可用景区实际游客人数/景区的最大承载量表示）。

景区建筑指标包括低碳建筑面积占总建筑面积比、环保厕所占厕所总数量比。

景区交通指标包括总交通里程、非机动车道占总交通道路数量比、软交通车辆载客数量占总载客数量比、低碳停车场数量占总停车场数量比。

景区饭店指标包括低碳食品占总食品量比、绿色食品采购量占总食品采购量比、食品垃圾处理率。

（2）滨海旅游景区碳排放监测指标体系建设

滨海旅游景区建立碳排放监测指标体系可为景区低碳化发展提供定量参考。景区碳排放监测指标体系包括景区固定碳排放的监测和动态碳排放的监测。固定碳排放是景区维持正常经营所需的直接碳排放和间接碳排放。动态碳排放是由不确定因素导致的碳排放（见表4-4）。

表4-4 我国旅游行业碳排放监测指标体系

景区碳排放监测指标	二级指标	三级指标	具体内容
固定碳排放指标	建筑碳排放	建设碳排放	建材、运输
		装修碳排放	建材、运输
	固定能耗碳排放	固定采暖制冷排放	办公区空调，特殊产品陈列区空调
		动力系统运行排放	电梯、服务设施等
		固定交通能耗排放	交通道路建设
		日常固定能耗排放	照明、办公器材、音频、显示系统等
动态碳排放指标	动态能耗碳排放	随机采暖碳排放	酒店客房采暖、电风扇
		旅游设施运作排放	娱乐设施、客用电梯
		交通能耗碳排放	交通车辆
		日常能耗碳排放	热水器、电视机等
	旅游活动碳排放	购物碳排放	塑料袋、包装物等
		餐饮碳排放	一次性餐具、食品包装
	日常运作碳排放	办公系统碳排放	纸张等
		餐饮制作碳排放	燃气、煤气、电器等
		其他日常运作碳排放	一次性洗涤用品等

对于滨海旅游景区的碳排放量，可以通过一定的方法计算出来。这里可采用碳足迹核算的方法来计算旅游过程中的碳排放量，即：每一项指标的碳排放＝该项指标的使用量×碳排放系数。旅游景区各指标的碳排放系数目前国际上尚没有统一标准可循，可参照目前较为流行的碳足迹计算器提供的数值（见表4-5）。①

---

① 北京碳汇网碳足迹计算器，http://www.bcs.gov.cn/CC/Index? pid = 46ed256b - 0460 - 4fa6 - bea0 - 138aa4779489。

表 4 - 5　旅游碳排放系数

	指标	系数值		指标	系数值
旅游交通	飞机（kg CO_2/km）	0.28	装修	木材（kg CO_2/m^2）	643
	火车（kg CO_2/km）	0.01		铝材（kg CO_2/kg）	24.7
	轮船（kg CO_2/km）	0.01		钢材（kg CO_2/kg）	1.9
	地铁（kg CO_2/站）	0.1		陶瓷（kg CO_2/m^2）	15.4
	公共汽车（kg CO_2/km）	0.04	饮食类	肉类消费（kg CO_2/kg）	1.4
	低油耗小轿车（kg CO_2/km）	0.16		粮食消费（kg CO_2/kg）	0.94
	中油耗小轿车（kg CO_2/km）	0.25		白酒（kg CO_2/kg）	2
	高油耗小轿车（kg CO_2/km）	0.33		啤酒（kg CO_2/瓶）	0.2
能源消耗	电（kg CO_2/kWh）	0.79	购物类	衣物（kg CO_2/件）	6.4
	煤气（kg CO_2/m^3）	0.71		塑料袋（g CO_2/个）	0.1
	天然气（kg CO_2/m^3）	2.17		包装物（kg CO_2/kg）	3.5
	煤炭（kg CO_2/kg）	1.97			
	燃煤供暖煤气（kg CO_2/m^2）	47.65			

注：低油耗小轿车指油耗小于 8L/100km 的经济型轿车，中油耗小轿车指油耗介于（8~12）L/100km 的舒适型轿车，高油耗小轿车指油耗大于 12L/100km 的豪华型轿车。

3. 人力资源管理体系建设

建立高效、合理的人力资源管理体系对于低碳滨海旅游景区的建设具有至关重要的作用。低碳滨海旅游景区的建设离不开从业人员的参与。对员工进行低碳理念和低碳知识的教育，可以推进景区的低碳化建设进程。低碳滨海旅游景区对员工的培训主要应包含以下内容。

（1）低碳旅游理念的培训

旅游景区员工对低碳旅游理念的接受程度直接决定这种理念是否能长久指导旅游景区的发展。经过对员工低碳旅游理念的培训，建立全方位的低碳旅游理念，形成低碳滨海旅游景区发展的动态机制。

（2）低碳旅游知识的培训

培训景区从业人员，使其了解并掌握关于低碳旅游的基本知识，如低碳经济的概念、背景与发展历史、低碳旅游、低碳景区的概念、低碳旅游景区建设中要注意的问题、低碳生活相关知识以及了解国际上对于低碳技术的研发与进展等。

（3）"低碳"技能培训

对景区从业人员进行"低碳"技能培训，以使从业人员掌握从事本职工作时减少温室气体排放的必备技能，进一步影响从业人员的日常行为，使从业人员不仅具有低碳旅游的意识，更要有做到低碳旅游的能力。

（三）低碳滨海旅游景区基础设施建设

滨海旅游景区的基础设施建设是滨海旅游发展的重要载体。实现基础设施的低碳化是实现滨海旅游景区低碳化的重要途径。滨海旅游景区的基础设施体系主要包括能源供应体系、旅游建筑体系、旅游交通体系、景区绿化生态网络的建设、废弃物处理系统等。

1. 滨海旅游景区能源供应体系建设

通过碳埋存、碳捕获、新能源和可再生能源利用等技术建设滨海旅游景区的各种设施设备。新建滨海旅游景区、景区内的酒店、宾馆等能源应用系统采用煤液化、煤气化等低碳技术。旅游景区、酒店、宾馆中的能源供应方式采用太阳能、风能、水能、生物质能等低碳或零碳排放的新型能源。在旅游景区内直接使用各种低碳和节能产品。

2. 滨海旅游景区低碳建筑体系建设

低碳建筑是指旅游景区内的建筑从选材到使用，尽量减少化石能源使用，减少温室气体排放。旅游景区内尽量减少使用钢筋混凝土，多使用新型节能环保型材料，建筑周围多植树以改善旅游景区环境。

3. 滨海旅游景区低碳交通体系建设

滨海旅游景区内的低碳交通体系的建设包括低碳停车场建设、低碳交通工具使用等方面。

（1）低碳停车场的建设

建设生态停车场能够具备环保、低碳功能，除了具有高绿化、高承载的特点外，使用寿命也大大延长。生态停车场特点是在露天停车场应用透气、透水性铺装材料铺设地面，并间隔栽植一定量的乔木等绿化植物，形成绿茵覆盖，将停车空间与园林空间有机结合，使绿化面积大于混凝土面积，从而达到高绿化效果。

（2）低碳交通工具的使用

相对以汽油、柴油为燃料的机动车，电瓶车的碳排放较小。因此，在旅游景区内尽量采用环保大巴、电瓶车、自行车作为交通工具，既节能减碳，绿色环保，又增加了游览体验。

4. 废弃物处理系统建设

在垃圾处理方法的选择上，旅游景区应根据自身的条件，选择合适的无害化处理方法。其包括卫生填埋法、焚烧法和堆肥法。卫生填埋法首先对垃圾进行分类收集，其次对垃圾进行减害化处理，最后将初步处理过的垃圾运到填埋场，进行逐层填埋。

（四）低碳滨海旅游景区的日常维护

低碳滨海旅游景区的日常维护包括旅游景区设施设备的日常维护和旅游服务体系的日常维护等。

1. 旅游景区设施设备的日常维护

对旅游景区设施设备进行日常维护，可以提高设施设备的使用效率，减少不必要的损耗和浪费。旅游景区日常维护，需要对设施设备随时检查，定期维护和保养，对易磨损的设施设备进行专项检修，对损坏的设施设备进行及时专业的维修。

2. 旅游服务体系的日常维护

为保持景区旅游服务体系的正常运作，需要对其进行日常维护。首先，需要建立游客评价体系，对旅游景区的从业人员进行定期考核。其次，需要加强对游客低碳意识的培养和教育。

（五）低碳滨海旅游景区建设的支持体系

滨海旅游景区的低碳化建设需要体制机制、低碳技术和充足资金等多方面的保障。

1. 低碳滨海旅游景区建设的体制保障

低碳滨海旅游景区建设需要加大对节能减排新技术、新材料、新工艺的投资力度。完善节能减排的财政政策和金融政策，为滨海旅游提供低息或无息贷款，减免相应的税收。鼓励滨海旅游景区采用节能型新产品，为其提供相应的补助。将滨海旅游景区引入碳交易市场，在滨海旅游景区与企业之间引入碳排放交易制度，从而为滨海旅游景区低碳化建设提供资金支持。不断完善旅游市场准入制度，对新开发的滨海旅游区以及新开发的滨海旅游项目进行严格的环境影响评价。加大对高排放、高污染、高能耗的滨海旅游景区的处罚力度。对自主研发节能减排新技术的滨海旅游景区给予奖励。

2. 低碳滨海旅游景区建设的技术保障

国家将滨海旅游的低碳技术研发、低碳产品的研制纳入科技计划行列，同时引进国外先进技术和经验，对滨海旅游景区进行低碳化技术支持。探索滨海旅游景区低碳化发展的国际合作新模式，开展具体项目技术合作、经验交流及能力建设等形式的合作活动。

三　发展低碳的滨海旅游交通

（一）建设旅游景区的公共交通体系（TOD 模式）

公共交通体系建设（TOD）模式是"以公共交通为导向"的开发模式，是由新城市主义代表人物彼得·卡尔索尔普提出，为了解决二战后美国城市的无限制扩张而采取的一种以公共交通为中枢、综合发展的步行化城区。其中公共交通主要是地铁、轻轨等轨道交通及巴士干线，然后以公共站点为中心、以 400～800 米（5～10 分钟步行路程）为半径建立集工作、商业、文化、教育、居住等为一体的城区。

将"以公共交通为导向"的开发模式（TOD 模式）应用于滨海旅游景区最大的优势在于将公共交通与景区开发相结合，远距离采用公共交通，近距离则采用低碳排放的交通工具。

一个滨海旅游区的旅游服务中心可以服务多个景区。在滨海旅游区建设 TOD 模式，滨海旅游者在不同景区活动使用公共交通工具（如公共汽车等），在旅游景区内部则使用低碳或零碳排放交通工具（如自行车等）。

（二）采用低碳的交通方式出行

滨海旅游的交通由陆上交通、空中交通和水上交通三部分组成。滨海旅游的交通工具包括飞机、火车、轮船、公共汽车和机动车等，每种交通工具都会产生碳排放。根据第三章的计算，每年我国滨海旅游业入境旅游中，乘坐飞机产生的碳足迹占滨海旅游业入境旅游交通碳足迹的比重超过95%。因此，降低滨海旅游交通碳排放需要对陆上交通、空中交通和水上交通采取低碳化措施。

1. 空中交通

IPCC第四次评估报告显示，民航业（含国内和国际航空）CO_2排放量占全球CO_2排放量的2%。因此，民航业实施低碳化发展对于滨海旅游业实现低碳化发展效果显著。

对于民航业促进滨海旅游业低碳化发展可采取几个方面的措施。首先，民航业采用现代先进的空中交通管理技术，通过优化空中飞行线路，提高飞机的燃油效率。其次，民航业采用使用清洁燃料、可替代燃油、新型发动机设计的新型飞机，通过规范飞行节油程序、提升客座率和载运率等措施，降低飞机的碳排放量。再次，对民航业实施碳税政策，并引入碳排放交易机制。对碳排放高的航空公司征收更高的碳税，而对碳排放较低的航空公司则征收较低的碳税或给予补贴。最后，在民航业内推行碳中和政策。碳中和（Carbon Neutral）是指旅游者为旅游过程中产生的CO_2付费给专门企业或机构，由专门企业或机构用此费用通过植树或其他环保活动等碳汇项目，以抵消相应的碳足迹达到降低温室效应的目的。目前，国外许多国家已开始执行该政策。如英国航空公司、法国航空公司等，其做法是在公司的网站上设立碳计算器，旅游者输入起始地及目的地、单程或往返、乘机人数等信息，即可计算出 CO_2 排放量以及需要支付的碳中和费用。

2. 陆上交通

旅游的陆上交通工具包括汽车、公共汽车和铁路。在陆上交通中，汽车的碳排放占80%以上。近年来，自驾游成为一个流行趋势。因此如何着重实现汽车的碳减排具有重要意义。

对于陆上交通运输业促进滨海旅游实现低碳化发展可采取几个方面的措施。首先，沿海地区旅游管理部门和各旅游企事业单位必须严格执行国家制定的车辆淘汰制度，淘汰油耗高、排放超标的旅游汽车。其次，鼓励使用低油耗和节能环保型旅游汽车、清洁能源旅游汽车等。最后，引导旅游者从选择汽车转变到选择公共交通工具出游。在相同的技术条件下，汽车的碳排放是公共汽车的5倍。因此，引导旅游者从汽车转变到乘坐公共交通工具对降低碳排放具有重要意义。

3. 水上交通

全世界水上交通运输业的二氧化碳排放量每年约为11.2亿吨，约占全球二氧化碳排放量的4.5%。整个船运业中用于旅游的船只的碳排放量约占总量的5%。

对于水上交通运输业促进滨海旅游业低碳化发展可采取几个方面的措施。首先，加大投入设计节能型船舶的力度。船舶设计的改进包括船体优化、推进器的选择、发动机效率的提高等。其次，港口管理部门向停靠在港口的船舶提供电力，以减少船舶在港期间的油耗，相应减少其碳排放量。再次，对船舶航行征收燃油税。最后，建立碳排放交易体系。对整个海运业设定一个温室气体排放总量限制，在各个船舶经营人之间分配排放配额。排放量低于配额的船主可以将多余的额度作为商品出售。而排放量较高的船主则可通过碳排放交易市场，购买碳排放配额，以满足其超出所分配额度的温室气体排放量。

（三）重视低碳交通技术节能

目前，使用低碳燃料的节能型汽车包括柴油车、混合动力汽车、乙醇汽车和氢燃料电池汽车。

柴油发动机的效率高于汽油发动机的效率，先进技术的柴油机可以提高燃料燃烧效率，同时减少尾气排放。混合动力机车与传统汽油机车相比效率高出近30%。乙醇作为汽油的替代燃料，其二氧化碳排放量比汽油减少70%以上。氢燃料电池汽车的使用可以实现零碳排放。但是目前其示范项目的成本高达2000美元/千瓦，高成本燃料电池产品使其尚不具备市场竞争能力，也成为该技术推广应用的主要障碍之一。

四　发展低碳的滨海旅游住宿业

旅游酒店是耗能大户。从理论上讲，酒店的能耗费用占营业收入的比重应控制在6%～8%。但目前我国旅游酒店的平均能耗大多占营业收入的13.3%，有的甚至高于20%。酒店的能耗主要包括：建筑能耗、电力能耗，以及其他物资能耗。旅游酒店的物资资源包括能源、食品、电器、家具等。酒店的节能减排、低碳化发展需要系统的节能降耗思想和管理方式对其进行指导和管理。

（一）通过加强内部管理控制旅游酒店的物质损耗

在生产、采购的环节尽量减少物质的消耗，降低对环境的污染，具体措施包括：在建造酒店选址时，需强调酒店的可进入性，要求交通便利，避免到酒店的交通带来物质和能源的消耗。在设计、装修、选择建材等方面需要考虑能源消耗以及运营后的节能问题。

通过新技术以及改善管理方法对已建造的酒店进行技术改造，以便达到节水、节电、省油的目的。对旅游酒店采购的设备进行严格把关，均采用节能设备。在新建造的酒店中尽量采用太阳能、风能、地热能、海洋能、生物质能等新能源。太阳能可以广泛应用于建筑领域，不仅可以利用太阳能取暖，还可将太阳能转化为电能，将建筑物与光电产品合二为一。地热能可以直接用于高温发电或直接用于热水供应和采暖供热等。

（二）以循环经济发展模式促进节能减排

旅游酒店实施循环经济是指旅游酒店资源在完成一次使用功能后重新回收利用，以达到节能减排的目的。例如，空调运行产生的含热量的凝结水，可经过水质优化处理后回收用于锅炉回水。洗衣房的蒸汽冷凝水可回收到锅炉房。旅游饭店的餐饮废弃物可以用于家畜饲料，洗衣设备可以提供对外服务，车队在客源较少时可以对外出租。旅游饭店不常用的设备可采用租用的方式，以便在较大的程度上实现资源共享和资源循环利用。

（三）将低碳发展水平列入酒店评级和考核标准

国家旅游局于 2003 年出台《旅游饭店星级的划分及评定》，旅游饭店星级评定实行五星制，星级越高档次越高。旅游饭店的星级评定是对饭店的建筑、装饰、设施、设备以及管理服务水平的评定，其具体依据的是国家旅游局颁布的设施、设备评定标准，清洁卫生评定标准，服务质量评定标准等。而其中并未对旅游饭店的能耗、碳排放等指标规定标准。若将旅游饭店的能耗、碳排放指标作为星级饭店评定标准中的一项，将能够促使旅游酒店进行设备改造、加强节能管理、使用清洁能源和发展循环经济，使得旅游酒店自觉自愿地走低碳化发展道路。

第五章　我国滨海旅游业低碳化发展的公共政策研究

低碳旅游是一种深层次的环保旅游。滨海旅游业实现低碳化发展，不仅需要旅游者、旅游企业的实践，更需要国家政策的引导和支持。本章基于对我国现行滨海旅游低碳化发展政策的现状分析，从严格执行国家低碳旅游的有关法规政策和战略规划，制定滨海地区低碳旅游发展总体规划、核算标准、考核制度、财税政策、奖励政策、低碳旅游指南，开展低碳旅游试点、引导低碳旅游开发模式等方面，提出我国滨海旅游业低碳化发展的公共政策建议。

一　我国滨海旅游业低碳化发展的政策现状

滨海旅游业低碳化发展是旅游业响应《联合国气候变化框架公约》的具体行动方式，也是海洋经济实现低碳化发展的需要。世界旅游组织研究结果显示，旅游业 CO_2 排放量占人类活动所有 CO_2 排放量的 5% 。我国滨海旅游国际收入占国家旅游业收入的 50% 以上。从这一方面讲，控制滨海旅游业碳排放量，实现滨海旅游业低碳化发展在我国具有现实需求。滨海旅游业低碳化发展需要贯彻国家、旅游行业和沿海地方制定的相关法规和政策。此部分从国家层面、旅游业行业层面和沿海地方三个层面，梳理促进我国滨海旅游业低碳化发展的法规、制度和规划等。

（一）国家层面适用于滨海旅游业低碳化发展的法规和规划

滨海旅游业是国家旅游业的重要组成部分，其低碳化发展需要遵循国家制定的有关旅游业发展的法规和政策，具体包括《中华人民共和国旅游法》《国务院关于加快发展旅游业的意见》等。

1. 《中华人民共和国旅游法》

《中华人民共和国旅游法》于 2013 年 10 月 1 日起颁布实施。《旅游法》明确规定："旅游业发展应当遵循社会效益、经济效益和生态效益相统一的原则。国家鼓励各类市场主体在有效保护旅游资源的前提下，依法合理利用旅游资源。国家倡导健康、文明、环保的旅游方式。景区开放要求有必要的环境保护设施和生态保护措施。景区接待旅游者不得超过景区主管部门核定的最大承载量。"

2. 《国务院关于加快发展旅游业的意见》

2009 年国务院发布了《国务院关于加快发展旅游业的意见》（国发〔2009〕41 号）。该意见在"主要任务"中明确规定："实施旅游业节能节水减排工程。支持宾馆饭店、景区景点、乡村旅游经营户和其他旅游经营单位积极利用新能源新材料，广泛运用节能节水减排技术，实行合同能源管理，实施高效照明改造，减少温室气体排放，积极发展循环经济，创建绿色环保企业。5 年内将星级饭店、A 级景区用水用电量降低 20%。合理确定景区游客容量，严格执行旅游项目环境影响评价制度，加强水资源保护和水土保持。倡导低碳旅游方式。"

3. 《国务院关于促进旅游业改革发展的若干意见》

2014 年 8 月国务院发布了《关于促进旅游业改革发展的若干意见》（国发〔2014〕31 号）。该意见在"树立科学旅游观"中规定："积极营造良好的旅游环境……推动旅游开发向集约型转变，更加注重资源能源节约和生态环境保护……"在"完善旅游发展政策"中规定："集中力量开发建设一批新的自然生态环境良好……在国内外具有较强吸引力的精品景区和特色旅游目的地，""各地要加强规划引导，重视对旅游资源和生态环境的保护，防止重复建设。"

（二）旅游行业层面与滨海旅游业低碳化发展相关的行政政策

近年来，我国制定的部分旅游行业管理政策，如《关于旅游业应对气候变化问题的若干意见》《关于进一步推进旅游行业节能减排工作的指导意见》《中国旅游业"十二五"发展规划纲要》等，其中包含了适用于滨海旅游业低碳化发展的内容。

1. 《关于旅游业应对气候变化问题的若干意见》

根据党中央、国务院应对气候变化的部署，就旅游业如何应对气候变化，2008 年 11 月国家旅游局发布了《关于旅游业应对气候变化问题的若干意见》。该意见要求："坚持绿色发展，自觉节能减排。一要加强旅游资源保护，避免片面追求经济利益和短期回报，防止其他用途的开发利用影响旅游资源保护，加剧气候变化。二要科学开发利用旅游资源。旅游开发必须以保护生态环境和减缓气候变化为前提，鼓励探索有助于减缓气候变化的旅游开发方式。三是积极推动旅游企业节能减排。借鉴相关行业和国际经验，研究各类旅游企业排放指标，加快制定旅游业环保标准。四是大力推广新型能源。按照发展循环经济、低碳经济的要求，旅游企业要积极实施清洁生产，提高能源资源利用效率。大型景区和旅游目的地要立足使用清洁能源和可再生能源，大力推广环保型旅游车、电瓶车、太阳能车。乡村旅游目的地要积极利用推广沼气，风能资源好的地区要充分利用风能发电。旅游景区宾馆饭店要加强推行建筑节能技术，提倡自然采光采暖和利用新型能源。五是大力倡导文明旅游，积极引导旅游者自觉爱护和保护环境。"

2. 《关于进一步推进旅游行业节能减排工作的指导意见》

为进一步提高旅游行业节能减排工作水平，2010 年国家旅游局印发了《关于进一步推进旅游行业节能减排工作的指导意见》（旅办发〔2010〕80 号）的通知。《指导意见》提出："旅游业是与环境密切相关的行业，旅游行业节能减排潜力很大。据测算，全国 1.4 万家星级饭店全年用电 174 亿度，全年用水 9.2 亿吨。其中，五星级饭店每平方米建筑面积综合能耗平均值为 60.87 千克标准煤，四星级饭店每平方米建筑面积综合能耗平均值为 47.29 千克标准煤，三星级饭店每平方米建筑面积综合能耗平均值为 40.36 千克标准煤。A 级景区游客每人次用电量为 1.42 度，游客每人次用水量为 0.17 立方米。从数据分析看，提高旅游行业节能减排工作水平具有很大空间。"

《指导意见》指出："推进旅游行业节能减排工作，要积极争取当地党委、政府的重视，协调相关部门用好、用足现有节能减排政策，明确星级饭店、A 级景区为旅游行业节能减排工作重点领域，积极探索建立符合本地实际的旅游企业节能减排考核体系。要争取 5 年内将星级饭店、A 级景区用水用电量降低 20%。"

《指导意见》要求："推进旅游行业节能减排工作，要加强引导，完善配套鼓励政策。要为节能服务公司和旅游企业开展节能减排搭建合作平台，推行合同能源管理。要以 2009 年能耗水平为基准，按照 2012 年前减少 10%，2015 年前减少 20% 的总体目标，逐年分解节能减排目标，对星级饭店、A 级景区的节能减排工作进行年度考核。要成立节能减排领导机构，将节能减排工作纳入全年绩效考评体系。要根据地区实际，将节能减排指标作为星级饭店、A 级景区年度复核的考核依据，有条件的地方还可对新建饭店和景区引入节能减排准入制度。"

3. 《中国旅游业"十二五"发展规划纲要》

2011 年 12 月 15 日，国家旅游局正式发布《中国旅游业"十二五"发展规划纲要》。《规划纲要》在"基本原则"规定："坚持节能环保，推进低碳旅游方式。"在"积极发展入境旅游"中提出："倡导低碳旅游等新理念。"在"保护资源环境，实现可持续发展"中提出："在全行业推进节能环保的绿色发展理念，走生态旅游、低碳旅游的道路。"在"建设旅游公共保障体系"中提出："完善景区内交通设施，推行低碳绿色交通。"

4. 《关于鼓励和引导民间资本投资旅游业的实施意见》

2012 年 6 月，国家旅游局颁布《关于鼓励和引导民间资本投资旅游业的实施意见》（旅办发〔2012〕280 号）。《实施意见》规定："加快旅游业专利技术转化步伐，鼓励运用信息网络、新能源新材料新工艺、节能减排等现代科技成果，积极推动'智慧旅游'和'绿色旅游'发展。"

5.《"十三五"旅游业发展规划》

2016 年 12 月，国务院印发《"十三五"旅游业发展规划》。《规划》提出："推动旅游产业生态化、低碳化发展""引导旅游者低碳出行"。

6. 有关旅游饭店管理的行政政策

加强旅游饭店的管理。1988 年 8 月，国家旅游局颁布了《中华人民共和国评定旅游（涉外）饭店星级的规定》，1993 年 7 月颁布了《饭店管理公司管理暂行办法》等部门规章。2002 年 4 月，中国旅游饭店业协会颁布了《中国旅游饭店行业规范》，标志着我国酒店宾馆业发展正在走向法制化和规范化轨道。

7. 加强旅游业标准化的规范

2007 年 6 月，国家旅游局发布了《中国优秀旅游城市检查标准》（2007 年修订本）。其中衡量中国优秀旅游城市的指标有 20 个项目共 1000 分，包括城市生态自然环境、城市旅游交通、城市旅游景区开发、城市旅游促销与产品开发、城市旅游住宿、城市旅游餐饮、城市旅游购物、城市旅游文化娱乐、城市旅游厕所等指标，都与低碳旅游密切相关。

2010 年颁布实施的《国家生态旅游示范区建设与运营规范》（GB/T 26362 - 2010），设置了多项与低碳旅游相关的要求。如"基础设施"部分要求："合理设计旅游运输路线与旅游路线，建设适宜生态旅游活动的多级别道路系统，鼓励采用自行车和徒步等非机动交通方式。使用低能耗、低排放量和清洁能源的交通工具。实施节能计划，减少温室气体排放，区内接待设施的能源耗用量控制在 500 克标准煤/人天以下（采暖和空调不计算在内）。节约并合理利用能源，改善旅游区的燃料结构，宜使用清洁能源和可再生能源，区内清洁能源和可再生能源的使用率达到 80% 以上。""综合管理"部分要求："实施物资采购的环保政策，从源头上进行控制，选择对有社会责任感的供商，优先利用可再生资源。执行环境友好的采购政策，采购具有绿色认证、安全认证标识的产品，区内使用生物可降解化学清洁剂，宜采购大包装的耗用品，不采购过度包装的商品，不采购不可降解塑料袋和餐盒，不采购废弃物处理困难的物资。""培训与教育"部分要求："采用多种方式对旅游者进行生态环境保护的宣传教育。教育游客在示范区内不随意抛撒垃圾，鼓励游客主动收集垃圾，倡导和鼓励保护环境行为，约束和惩罚破坏环境行为。"

（三）沿海地方政府制定的与滨海旅游业低碳化发展直接相关的政策

滨海旅游业低碳化发展需要由沿海地区政府积极贯彻实施。近年来，沿海 11 个省、自治区、直辖市根据本地区具体情况，制定多项规范旅游业发展的政策，促进了滨海旅游业的低碳化发展。

2010 年 4 月 1 日，广东省旅游局开始试行星级酒店取消配送一次性日用消费品。提倡低碳环保生活，把取消一次性日用消费品纳入绿色酒店的评定标准。[1]

2011 年 11 月，海南省被国家发改委确定为国家第二批低碳试点，为 29 个低碳试点中唯一的沿海省份。2013 年 8 月，《海南省低碳试点工作实施方案》获国家发改委批复。《海南省低碳试点工作实施方案》制定了符合海南实际，具

---

[1] 侯文亮：《低碳旅游及碳减排对策研究》，硕士学位论文，河南大学，2010。

有海南特色的试点工作，包括制定低碳发展规划，启动省内试点城市、园区、旅游景区低碳试点规范、考核、评价体系建设等，突出了自身的岛屿特色，并争取在低碳产业体系特别是低碳旅游产业推进上有所突破。2014 年 10 月 9 日，海南省政府印发《海南省 2014—2015 年节能减排低碳发展行动方案》。其中提出："扎实推进低碳试点工程。探索建立低碳景点景区评价指标体系，加快推进低碳景点景区认证工作，推动景区开发和运营低碳化。""推进建筑节能降碳。对宾馆酒店实施能耗（电耗）限额标准管理，对超能耗限额标准的，严格执行惩罚性电价政策。"

2012 年，福建省旅游局发布了《关于加强星级饭店行业节能减排工作的通知》（闽旅〔2012〕186 号）。

2013 年，上海市旅游局印发了《2013 年上海市旅游饭店业节能减排重点工作安排》。

厦门、汕头经济特区就旅游资源的保护与开发专门立法，分别制定了《厦门市旅游资源保护和开发管理暂行规定》《汕头经济特区旅游资源保护和开发管理规定》。

二　我国滨海旅游业低碳化发展政策存在的问题

基于以上对我国滨海旅游业低碳化的研究，尽管我国沿海地区政府在发展滨海低碳旅游业问题上已做出了较大的努力，但由于滨海旅游低碳发展的理念、发展途径、发展机制等方面不完善，因而导致现阶段我国滨海旅游业低碳化发展仍存在较多问题。

（一）国家缺少产业领域的碳减排规划

实现低碳化发展是旅游业可持续发展的重要目标之一。2009 年 9 月 24 日，中国在哥本哈根全球气候变化会议前夕向世界承诺："到 2020 年将把单位 GDP 碳排放在 2005 年的基础上减少 40% 到 45%。"这是我国宣布的首个二氧化碳减排目标，标志着中国进入了低碳时代。但国家并未对具体的产业制定减排目标及措施。由于缺乏各产业具体的减排目标，因此，在制定旅游业包括滨海旅游业的相关减排政策措施时缺乏目标依据和现实基础。

（二）滨海旅游资源开发利用和保护的力度仍不足

国家对自然保护区、风景名胜区、国家森林公园等具有特定的自然和社会历史特征的旅游资源已采取特别措施加以保护。而对其他的旅游资源则缺少相应的保护措施和法律、法规引导。为了加强对旅游资源的保护，2007 年国家旅游局出台了《旅游资源保护暂行办法》，由于属于部门规章，层次较低，因此对于旅游资源保护引导力度不够。在对旅游资源的开发利用中，缺少合理规划或者为了追求经济利益等原因，一些不合理的旅游开发活动和生产建设活动，缺少适宜的保护措施，使很多旅游资源价值降低，有的甚至是破坏殆尽。如一些沿海城市滨海旅游的开发造成沙滩的破坏，使沙滩的柔软度降低，宽度变窄，改变沙滩诱人的原貌。一些地方旅游房地产过度开发现象严重，过度开发威胁海岸生态景观。在海南省三亚市亚龙湾 7 千米的海岸线上已经有近 20 家酒店以及中心广场、蝴蝶谷等景区（点）。目前，亚龙湾的旅游房地产建设还在大踏步前进，使得沿湾建筑物过密、排水管分布太密等现象突出，造成了对海岸线的侵蚀，也使海岸抗灾害能力大大减弱。还有一些沿海的渔民为了吸引游客，大量采摘珊瑚。深圳近海大面积的珊瑚礁群遭到严重破坏，近 2000 平方米的珊瑚礁群所剩无几。政府方面对旅游资源开发缺乏统一的规定和相应指导，尤其是一些偏远贫困地区的政府机构，一味强调经济效益，强调脱贫致富，对资源保护意识淡薄，招商引商而没有出台相应的资源开发、利用和保护政策措施，导致生态失衡、环境污染、资源匮乏等，严重影响当地旅游业的可持续发展。

（三）滨海旅游业各部门减排仍存在诸多困难

滨海旅游交通是滨海旅游业碳排放的主要来源，尤其表现在航空交通。依据相关预测，到 2035 年，我国航空运输的碳排放量还将大幅上升，并且预计占旅游业碳排放总量的 53%。[1] 由于我国滨海地区处于中国的东南沿海，旅游者往往受到路程和时间等约束性条件的限制，选择乘坐火车或公共汽车等碳排放量相对较低的出行方式仍较为困难。

滨海旅游住宿中的碳排放所面临的主要问题表现在酒店往往采用豪华的建筑和内部装修来吸引旅游者，但往往酒店越豪华，碳排放量就相对较高。到 2013 年底，我国沿海地区有星级饭店共计 5383 家。如此多的星级酒店，其对环境的影响也难以在短时间缓解。

我国沿海地区的特色饮食主要是海鲜等，其烹饪过程中

---

[1]　王洁、刘亚萍：《低碳旅游：气候变化下中国旅游业负责任的选择》，《岭南学刊》2010 年第 2 期。

碳排放量较高。因此，滨海旅游过程中大量肉食和海鲜，以及一次性餐具的使用，都会造成温室气体的排放。

我国滨海旅游的主要景区以海滩、海洋公园、湿地、岛屿等为主。实现滨海旅游业低碳化发展面临诸多技术难题，如：滨海景观如何使用生态能源和节能环保能源；建筑如何采用节能环保、无污染的环保材料；如何增加低碳导游、设置低碳通信、垃圾废物的分类回收处理等。

打造滨海低碳旅游景区是实现我国滨海旅游业低碳化发展的重要环节，而这需要巨额的资金支持。从滨海景区经营管理来说，景区的低碳转型需要付出的成本主要来自技术更新、替换以及融资等方面。例如，自主创新技术不成熟所付出的设备购买成本，投资额大、融资渠道有限所造成的融资成本等，这些都是滨海旅游景区在实施低碳转型过程中的主要障碍因素。

（四）缺少完善的低碳旅游考核制度和核算体系

滨海旅游业涉及食、住、行、游、购、娱多方面，目前尚未出台有关旅游业全面的低碳考核制度和核算体系，仅有部分地区制定了单项考核制度，如上海、福建等制定的"饭店行业节能减排意见"，厦门、汕头制定的"旅游资源保护意见"等。总体来看，滨海旅游业低碳化发展缺乏完善的考核制度和核算体系的引导，缺乏监督检查机制和考核标准。

（五）低碳领域的经济激励措施不足

我国 1994 年开展的税制改革，当时主要体现的是财政调控的理念，而缺少节能减排、循环经济的理念。因此，在我国现行的税收体系中没有专门的生态环境保护税种。尽管后来国家的税收体系不断完善，很多税种与生态环境保护相关，但也仅仅是零星地见于诸如资源税、消费税、耕地税等。在我国整个税收体系中没有系统的环境税收。例如，资源税仅对矿产品和盐征税，而对海洋、森林、滩涂、草原等资源都没有规定。目前，许多发达国家都对低碳产业的发展给予税收优惠，如美国对可再生能源的税收优惠在一定程度上吸引了各界对低碳产业的投资。目前我国仍很缺乏针对低碳领域的税收优惠政策和融资政策。

（六）低碳旅游行为引导不足导致大众低碳旅游欠缺实际行动

滨海旅游业低碳化发展，不仅与政府、企业有关，更重要的还与滨海旅游者有关。滨海旅游者是否倡导和实施低碳旅游活动，对于低碳旅游的发展具有重要影响。目前，我国滨海地区总体上游客的低碳意识还比较薄弱。大多数旅游者不能自愿改变其消费模式并把这种关心变成有意义的行动。气候变化问题不影响旅游决策。在旅行工具、旅游线路、旅游饭店、旅游公共设施的选择等方面，更多地趋向于个人的便利和舒适。如大部分滨海地区的主要游客来源之一是周边地区的居民[①]，为便于出行大部分人选择私家车作为交通工具，而不是选择高铁、公共汽车等。此外，随着居民生活水平的提升，游客对居住的条件要求相应提高，居住星级宾馆，大规模使用空调等，使得低碳旅游的实际行动欠缺。

---

① 《我国沿海省、自治区、直辖市近海海洋综合调查与评价专项潜在滨海旅游区评价与选划项目报告》，国家海洋局近海海洋综合调查与评价专项项目报告。

三 我国滨海旅游业低碳化发展的公共政策构建

滨海旅游低碳化发展的公共政策是指促进滨海旅游业实现低碳化发展的公共政策体系，是指国家行政机关为促进我国滨海旅游业实现低碳化发展而制定的指导沿海海洋管理部门、旅游行政部门、旅游业经营单位和旅游者的行动依据和准则。滨海旅游业低碳化发展的公共政策的作用主要体现在四个方面。一是引导、巩固和促进滨海旅游业的低碳化发展。通过各项公共政策的制定和实施，为滨海旅游业的低碳化发展提供依据，引导、巩固和促进滨海旅游业的低碳化发展。二是用法律和规划的形式对滨海旅游业中的各要素进行监督、规划和协调，推动低碳化发展。三是能够加强低碳旅游的对外交流与合作，积极引进国外先进低碳技术，更快地推进滨海旅游业的低碳化发展。四是促进旅游企业改善经营管理，降低能耗提高能源利用效率，引导旅游企业走低碳化发展道路。

（一）低碳旅游系统组成

低碳旅游是指在旅游发展过程中，通过运用低碳技术、推行碳汇机制和倡导低碳旅游消费方式，以获得更高的旅游体验质量和更大的旅游经济、社会、环境效益的一种可持续旅游发展新方式。[①] 低碳旅游是借用低碳经济的理念，以低

---

① 蔡萌、汪宇明：《低碳旅游：一种新的旅游发展方式》，《旅游学刊》2010 年第 1 期。

能耗、低污染为基础的绿色旅游。低碳旅游要求旅游过程中的食、住、行、游、购、娱每一个环节都要体现节约能源、降低污染的低碳经济理念，践行节能减排。在低碳旅游发展过程中，低碳理念、低碳参与者及低碳实践三者之间相互依存，构成低碳旅游系统（见图5–1）。[①]

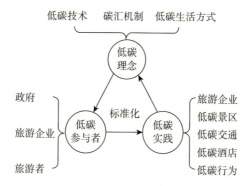

图5–1　低碳旅游系统要素关系

低碳理念主要是指在低碳旅游过程中处于指导地位的低碳理论思想。低碳参与者主要指参与低碳旅游的利益相关方，在我国主要体现为政府、旅游企业和旅游者三大部分，其中，政府处于主导地位，主要职责为制定政策、塑造氛围等；旅游企业起主体作用，旅游企业主要包括旅行社、旅游饭店、旅游景区、旅游交通企业等；旅游者发挥基础作用。低碳实践主要指低碳参与者在低碳理念指导下开展的一切实践活动，包括食、住、行、游、购、娱等全过程[②]，涉及旅游企业、景区、交通、酒店以及低碳消费行为等多个方面。低碳理念、低碳参与者、低碳实践三者之间的

①　郭蓉、吴长年、何芸等：《从生态旅游到低碳旅游——从理念到实践》，《环境保护科学》2011年第2期。

②　郭蓉、吴长年、何芸等：《从生态旅游到低碳旅游——从理念到实践》，《环境保护科学》2011年第2期。

有机结合，核心在于公共政策的构建，需要共同政策的约束、引导和规范，使低碳参与者、低碳实践者同时实践活动、践行低碳理念。

（二）滨海旅游业低碳化发展的公共政策构建的总体思路框架

滨海旅游业低碳化发展，需要多项政策保障、引导和规范。因此，滨海旅游业低碳化发展，需要的是公共政策体系，而不是一项或两项政策来实现。滨海旅游业低碳化发展的公共政策构建需要以低碳理念为指导，以低碳技术在滨海旅游业中的应用为基础，通过规划、标准、考核制度等公共政策的构建，引导滨海地区旅游企业、景区、交通、酒店以及滨海旅游者落实低碳消费行为，促进滨海地区旅游业低碳发展。

依据现有的低碳经济和低碳旅游的政策体系，结合滨海旅游业低碳化发展的需求，可制定滨海旅游业低碳化公共政策的框架（见图 5 - 2）。

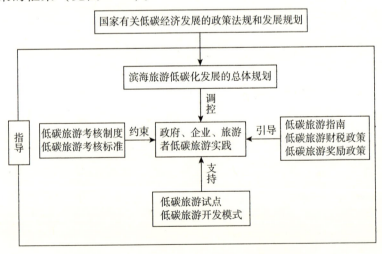

图 5 - 2　滨海旅游业低碳化公共政策框架

滨海地区低碳化旅游的发展需要在国家有关低碳经济发展的政策法规和战略规划的指导下进行，滨海旅游低碳化发展的公共政策必须符合国家低碳经济发展的总体要求。在国家低碳经济发展的宏观背景下，滨海旅游业需要结合自身发展现状、存在问题以及发展趋势，制定滨海旅游业低碳化发展的总体规划，统筹调控整个滨海旅游行业的低碳化发展。按照总体规划的部署和要求，政府、旅游企业和旅游者需要积极践行低碳旅游。这个过程中，需要约束、引导和支持。其中，通过制定并实施低碳旅游的考核制度和考核标准来约束政府和企业的低碳旅游实践；通过低碳旅游指南、低碳旅游财政政策、奖励政策等来引导企业和旅游者的低碳旅游活动；通过低碳旅游试点、低碳旅游开发模式研究和应用来支持低碳旅游实践。整个滨海旅游业低碳化公共政策体系是相互衔接、相互促进和相辅相成地构成一个整体。

（三）滨海旅游业低碳公共政策

依据滨海旅游业低碳化公共政策构建的总体思路框架，滨海旅游业低碳化发展的公共政策主要包括以下方面。

1. 继续贯彻落实国家有关低碳旅游发展的现有政策

（1）严格贯彻国家有关低碳经济和低碳旅游发展的制度政策

滨海旅游业低碳化发展应严格执行国家有关低碳经济发展的法规政策以及战略规划，同时要符合国家发展低碳旅游的相关政策规划要求。

近些年来，国家颁布实施了多部环境保护方面的法律。如《中国应对气候变化的政策与行动》《节能中长期专项规划》《关于积极应对气候变化的决议》《节能环保产业发展规划》

《发展低碳经济指导意见》《关于加快发展循环经济的若干建
议》《中华人民共和国循环经济促进法》《绿色旅游饭店》
（LB/T007－2006）标准等。

近年来，国家出台了一系列有助于低碳旅游发展的政
策。如2008年，国家旅游局发布了《关于旅游业应对气候
变化问题若干意见》，其中提出了旅游业应对气候变化能力
建设的对策。2009年12月1日，国务院颁布了《国务院关
于加快发展旅游业的意见》，其中明确提出"要推进节能环
保，倡导低碳旅游方式"。2010年，全国旅游工作会议再次
将旅游业的节能减排工作细化。2010年6月，经国家环保部
批准，中华环保联合会和中国旅游协会旅游景区分会颁布了
《全国低碳旅游实验区评分标准》。2010年8月23日，第五
届中日韩三国旅游部长在杭州签署了《中日韩共倡低碳旅游
倡议书》，再次表明了中国政府层面介入低碳旅游发展的决
心。2011年12月15日，《中国旅游业"十二五"发展规划
纲要》正式发布，其中提出"坚持节能环保，推进低碳旅游
方式"原则，以及"倡导低碳旅游新理念"。在发展道路中
提出了"走生态旅游、低碳旅游的道路"。

（2）严格贯彻实施旅游业低碳发展的考核制度

进一步严格实施《节能减排统计监测及考核实施方案和
办法》（国发〔2007〕36号）等利于旅游业低碳发展的考核
制度，提高各沿海地区对滨海旅游业低碳发展重要性的认
识，将低碳旅游发展纳入沿海地区经济社会发展综合评价体
系，作为政府领导干部综合考核评价和企业负责人业绩考核
的重要内容，实行严格的问责制。同时，根据核算标准，按
规定做好旅游业各项能源和污染物指标统计、监测，按时报
送数据。要对节能减排各项数据进行质量控制，加强统计执

法检查和巡查，确保各项数据的真实、准确。要做好低碳旅游发展的统计工作，为合理考核提供参考依据。

（3）完善低碳旅游试点体系

目前，部分沿海地区和城市在探索和实践低碳旅游试点，并取得了一定的成效。如 2011 年 11 月，海南省被国家发改委确定为国家第二批低碳试点。2013 年 8 月，《海南省低碳试点工作实施方案》获得国家发改委批复。《方案》根据国家的 6 个重点试点方向，制定了符合海南实际，具有海南特色的试点工作，包括制定低碳发展规划，启动省内试点城市、园区、旅游景区低碳试点规范、考核、评价体系建设等，突出了自身的岛屿特色，并争取在低碳产业体系特别是低碳旅游产业推进上有所突破。

目前，在已取得的滨海旅游业低碳化发展试点的基础上，国家海洋管理部门和旅游管理部门应共同根据《全国低碳旅游实验区评分标准》，选取一些沿海地区低碳旅游发展较好的低碳旅游城市、低碳旅游景区，重点建设"低碳旅游示范区""低碳旅游示范景区""低碳酒店示范单位"等，在财政政策、海域使用、海岛使用等方面给予倾斜性支持。通过低碳旅游试点的建设和发展，以实现"以点带面、辐射全局"的作用，带动全国滨海旅游业整体实现低碳化发展。

2. 出台滨海旅游低碳化发展的新政策

（1）制定沿海地区滨海旅游业低碳发展规划

在对我国滨海旅游业充分调查研究的基础上，结合滨海旅游业发展现状、低碳化发展中存在的问题，以及滨海旅游业发展趋势，充分考虑现有低碳城市、其他行业低碳技术发展和应用的现状及趋势，统筹考虑旅游企业、景区、交通、酒店以及游客等多种有关要素，以低能耗、低污染为总体指导思想，制定滨海地区旅游业低碳发展规划。明确减排总体目标，合理分配与滨海旅游业有关的交通、住宿、旅游活动等组成部门减排的具体目标，合理分工沿海 11 个省、自治区、直辖市的减排目标。同时，结合目标的实现，明确低碳旅游发展的重点任务。建立领导机制和协调机制，明确各相关主体责任，对启动、实施及成果推广应用等具体行动做出计划。沿海地区政府制订本地区的滨海旅游业低碳化发展的实施方案或行动计划。在制定滨海旅游业低碳化发展规划中，各沿海地区应有不同方向的侧重。

根据本书第三章计算的我国沿海地区滨海旅游业低碳化水平综合指数可知，低碳化水平较低的省份是广东，低碳化水平一般的省份包括浙江和上海，低碳化水平良好的省份包括河北、海南、山东、辽宁，低碳化水平较高的省份包括江苏、福建、天津和广西。

广东省、山东省、辽宁省应重点通过加强清洁能源的使用以降低能耗，加强低碳设施建设，如增加公路、电车营运车辆以及增加低碳旅游线路等。

浙江省、上海市应重点加强清洁能源的使用以降低能耗，减少碳排放。

河北省、海南省、辽宁省、广西壮族自治区、江苏省、福建省、天津市的滨海旅游业的发展能力较低，需要按照区域旅游发展战略加大开发力度，注重滨海旅游资源的挖掘和创新，丰富和提升旅游产品，加强旅游市场的扩展，提升旅游吸引力。河北省应重点通过加强清洁能源的使用以降低能耗，通过提高空气质量、森林覆盖率、城市污水处理率、工业固废及生活垃圾处理率以及提高环保投资等方式，降低滨海旅游业的碳排放。海南省应重点通过加强清洁能源的使用以降低能耗，加强滨海旅游景区低碳设施的建设，如科学规划旅游线路，增加公路、电车营运车辆等。

广西应进一步加强清洁能源的使用以降低能耗使用，同时加强低碳旅游设施的建设。

福建省应着重加强低碳基础设施的建设。

（2）制定和实施滨海旅游业低碳认证制度

国家海洋行政管理部门会同交通、旅游、环保、统计部门等，针对与滨海旅游业相关的交通运输、住宿、餐饮、休闲娱乐、旅游商品、旅游景区等方面的碳排放，制定科学、完善、操作性强的低碳核算标准和评定标准，进行严格的评定分级。滨海旅游业低碳发展的核算标准，要突出滨海特色，滨海地区与内陆地区低碳旅游发展有所不同，在核算标准中应给予重视。比如旅游酒店要突出海鲜类饮食的低碳核算；旅游交通要突出海洋交通的低碳核算。在制定合理的碳排放量核算标准和评定分级标准的基础上，积极推动实施滨海旅游业低碳认证制度，建立健全低碳标志标准。

（3）制定和实施滨海旅游业低碳化发展指导意见

滨海旅游业低碳化发展的实践者涉及旅游企业、滨海旅游景区、旅游服务人员、滨海旅游者等多个组成部分。沿海地区应有针对性地制定本地区滨海旅游业发展的指导意见，对滨海旅游业低碳化发展的实践者的行为进行规范和指导。

①旅游企业应积极引导旅游者遵守国家有关低碳经济发展的法规、规划和政策，应用低碳技术，实施"绿色管理"，向社会提供资源消耗少、环境污染少的绿色产品。按照《节能减排统计监测及考核实施方案和办法》（国发〔2007〕36号），

建立旅游企业的污染减排"三大体系"(节能减排统计、监测、考核体系),建立定期向社会公众发布环境公报和社会责任公报的制度,接受社会的监督。

旅行社是滨海旅游业低碳化发展的号召者。旅行社应精心设计组织食、住、行、游、购、娱各个环节的旅游产品,使滨海旅游者在获得较高旅游体验质量的同时实现对低碳的追求。在滨海旅游交通方式选择方面,旅行社应运用低碳理念和管理方法科学规划滨海旅游交通路线,引导滨海旅游者选择合适的交通路线。在住宿餐饮的选择方面,旅行社应将滨海旅游景区附近有绿色标签的酒店或农家旅馆列为首选,引导滨海旅游者尽量避免使用一次性用品,减少住宿所引起的不必要的污染和浪费。在饮食方面,主要以绿色蔬菜瓜果为食材,倡导自然健康,避免浪费。在游览中,积极引导滨海旅游者不随意丢弃垃圾,不使用塑料袋,将垃圾分类。在娱乐活动中参加植树造林活动。

沿海地区滨海旅游景区是滨海旅游活动的重要环节,是减少滨海旅游业碳排放的一个重要渠道。滨海旅游景区低碳化的实现,要求从规划开发建设时开始推行低碳理念,以环境友好的方式去经营。规划滨海低碳旅游景区应着重注意5方面问题,即:按照生态限度控制游客数量,对游览的项目与设施进行科学的设置;充分运用新能源、新技术、新材料,对能源和资源的损耗进行严格的控制,注重建筑节能和绿色建筑的推广;合理设计环境清理工作,妥善处理旅游垃圾;加强生态旅游区的规划建设,增加绿地面积的设计比例;加强滨海旅游景区客流量的合理评估,科学规划游客最大承载量,提高环境治理力度。以环境友好的方式经营滨海旅游景区,如滨海旅游景区低碳办公,节约办公用电、用纸等；推行低碳交通方式，滨海旅游景区可以使用公共交通、自行车、电动车等，禁止或限制使用消耗石化能源的运输工具。加强景区员工的环境教育和培训，使滨海旅游景区的开发、管理、经营和服务人员兼具生态、旅游两方面的知识技能。据统计，目前我国沿海地区已有 60 处国家级森林公园，对于促进滨海旅游业低碳化发展意义重大。

②滨海旅游者在滨海旅游业低碳化发展中起重要作用。旅游业能在多大程度上实施低碳旅游理念，最终要由市场决定，也就是要看滨海旅游消费者能在多大程度上支持滨海旅游低碳化发展。低碳滨海旅游者是指以滨海旅游活动零碳排放或低碳排放为标准，主动承担滨海旅游业节能减排的社会责任，自愿选择能耗少、污染小的滨海旅游体验过程的旅游者。[①] 在针对滨海旅游者制定的低碳旅游指南中，可以要求参照《全民节能减排手册——36 项日常生活行为节能减排潜力量化指标》，倡导滨海旅游者主动选择公共交通和混合动力汽车、电动车、自行车、景区内步行等低碳或无碳出游方式，减少乘坐飞机和游艇出游方式。在住宿中自带洗漱用具，提高节水节电意识；在饮食中减少浪费，以当地食材为主，选择绿色食物减少肉食，自备餐具；在游览中不随意丢弃垃圾，不使用塑料袋，将垃圾分类；在娱乐活动中参加植树造林活动。

（4）制定滨海旅游低碳发展的奖励和财税政策

滨海旅游业发展中，可以通过奖励政策、税收政策、补贴政策、政府扶持资金等，引导绿色建筑、低碳交通、森林碳汇

---

① 侯文亮、梁留科、司冬歌：《低碳旅游基本概念体系研究》，《安阳师范学院学报》2010 年第 2 期。

等低碳技术的实际应用，鼓励新能源、新材料的实际应用。

①制定和实施奖励政策。奖励政策对于引导社会公众实施低碳行为非常重要。建议制定践行滨海旅游业低碳化发展的鼓励政策，包括低碳生产和运营、低碳消费的鼓励政策。对于低碳旅游发展中做出表率或突出贡献的旅游企业、滨海旅游景区、滨海旅游者等给予表彰和奖励。一方面，通过奖励政策的实施，促进相关单位和个人践行滨海低碳旅游；另一方面，通过先进、典型的示范带动作用，引导有关的单位或个人积极用实际行动发展低碳旅游，开展滨海旅游活动。

②制定和实施低碳税收政策。根据滨海旅游业各个环节的特点，可选择滨海旅游住宿、滨海旅游景区等启动二氧化碳碳税征收试点示范工作。通过试点示范工作，逐步摸索经验，进而扩展到整个滨海旅游业。同时，对于完成减排目标的企业、景区等，可以对其第二年减免一定比例的税收，以刺激旅游企业节能减排。

③制定和实施财政补贴政策。对于旅游企业和滨海旅游景区，若采用新能源、节能设备，发展碳汇林业、碳汇渔业等，则给予财政补贴。除了享受国家现行的可再生能源等的专项补贴外，滨海旅游业可以再通过财政补贴政策的制定增加额外的补贴，引导低碳技术在滨海旅游业中的广泛应用。

④政府扶持资金。政府对扶持旅游业发展的支持性资金包括六类，即旅游国债、旅游发展基金、旅游发展专项资金、政策性银行贷款、国际金融组织和外国政府贷款、国家扶贫资金。这六类政府扶持资金，在安排我国滨海旅游项目扶持时，可适当向滨海旅游业低碳化发展领域倾斜。旅游国债，主要用于加强旅游基础设施建设，重点支持资源品位较高、发展潜力较大、所依托的主要交通干线建设已基本完成

的国家级或省级旅游景区的项目。旅游发展基金主要用于旅游宣传促销、行业规划发展研究、旅游开发项目补助等支出，少量用于弥补旅游事业经费的不足。旅游发展专项资金即政府部门为促进旅游发展，划拨一定资金专门用于完善旅游基础设施建设，改善旅游发展的基础条件。旅游发展专项资金分为国家级、省级、市级、县级等不同级别。另外，交通、文物、林业、环保、经贸、水利等都有部门资金或专项资金，可直接或者间接支持旅游开发项目。国际金融组织和外国政府贷款对我国旅游开发及相关产业的发展起到了积极的推动作用。同时，我国已经有了比较完善的国际金融组织和外国政府贷款政策及管理办法，旅游开发商可以充分利用各种国际金融组织和外国政府贷款资金。国际金融组织和外国政府能够提供低息的、长期的、大额的国外贷款资金，适合于符合条件的大型旅游项目开发。国家扶贫资金主要支持经济不发达地区的社会经济发展，包括旅游经济的发展，一般情况，对发达的沿海地区支持的比较少。

（5）加大宣传教育倡导滨海旅游低碳化发展

沿海地区政府的各相关部门应加强合作，加大宣传教育力度，提倡滨海旅游业低碳化发展，建立绿色生活方式。政府各部门可以通过受众面较广的电视、影像、报纸等媒体，大力推广普及低碳经济、低碳旅游等相关知识，使公民形成"低碳"思维方式，形成一种自觉的环保行为规范，强化公众绿色意识，在日常生活中实现低碳生活方式的转变，促使公民积极主动地进行绿色消费。

3. 引导低碳滨海旅游的开发模式

低碳旅游产品包括观光体验型、主题领略型、文化推广型、康体度假型、探险拓展型等，还包括影视型、都市复合型等其他类型。① 从旅游活动的区域而言，滨海地区旅游可分为滨海旅游、海岛旅游、远海旅游。各种旅游活动的区域，需要旅游产品支撑，需要通过政策引导合理的开发模式。

（1）滨海型低碳旅游

大部分滨海旅游集中于滨海地带，旅游活动范围涉及近岸海域及沿岸陆地区域，相对于海岛型、远海型旅游，旅游活动区域范围具有不确定性，同时与邻近陆域具有交叉性，低碳旅游管理相对复杂。因此，滨海型旅游需要在当地低碳经济发展的总体框架下，适当分割出低碳旅游的范畴，进而进行碳排放的定量分析和监测，制定可考核的低碳管理指标。同时，重点引导陆域低碳交通、绿色建筑、绿色饭店、低碳景区等技术应用。加强滨海湿地、陆地绿地和森林的保护，引导近岸生态养殖，充分发挥海洋渔业碳汇的作用。

（2）海岛型低碳旅游

我国海岛地处热带、亚热带和温带，在不同自然生态条件下，形成不同的自然景观。大部分岛屿冬无严寒、夏无酷暑、四季分明，适宜旅游的时间长达五六个月，这种气候特征对开展旅游及其他海上活动十分有利，也是发展海岛旅游业得天独厚的条件。由于大部分海岛地区远离大陆，四面环海水，海岛旅游发展相对独立。同时，由于海岛地区土壤贫瘠，外来物种受限，生态环境十分脆弱，一旦损害很难恢复。因此，海岛型低碳旅游的发展需要从以下方面进行重点引导：界定明确的碳循环指标体系，定量分析岛上的旅游活动的碳排放，加强碳排放的监测，制定可考核的低碳管理指标，加强碳排放的调控；大力发展观光旅游，适度发展度假

① 俞棋文：《低碳旅游开发模式研究》，硕士学位论文，华东师范大学，2010。

旅游，减少生活垃圾排放，引导绿色建筑技术应用；合理安排游艇、游船、交通船等交通设施，引导低碳交通技术应用；有效保护海岛森林和周边海域水质，打造森林公园和海洋公园。

（3）远海型低碳旅游

远海旅游主要依靠游轮进行旅游，远离近岸海域。远海型旅游的活动区域相对固定，因此远海型低碳旅游需要以邮轮为主体，加强碳排放的定量分析和监测，制定可考虑的管理指标。重点引导邮轮及其附属设施、生活设施、生活垃圾处理等方面低碳技术的应用。

参考文献

1. 北京碳汇网，http://www.bcs.gov.cn/CC/Index? pid=2b71 63c8-c899-4570-9908-3a4a11af9186。

2. 蔡萌、汪宇明：《低碳旅游：一种新的旅游发展方式》，《旅游学刊》2010 年第 1 期。

3. 蔡芳竹、黄远水：《福建省旅游型海岛低碳旅游应用研究》，《现代商贸工业》2010 年第 22 期。

4. 陈飞、诸大建：《低碳城市研究的内涵、模型与目标策略确定》，《城市规划学刊》2009 年第 4 期。

5. 《低碳经济影响产业变革》，http://www.p5w.net/news/gn-cj/201003/t2871928.htm，2015 年 2 月 26 日。

6. 杜鹏、杨蕾：《基于终端消费的旅游碳足迹测算与低碳旅游发展研究》，《生态经济》2016 年第 3 期。

7. 杜鹏、杨蕾：《中国旅游交通碳足迹特征分析与低碳出行策略研究》，《生态经济》2015 年第 2 期。

8. 樊杰、李平星、梁育填：《个人终端消费导向的碳足迹研究框架——支撑我国环境外交的碳排放研究新思路》，《地球科学进展》2010 年第 1 期。

9. 高爱舫：《绿色奥运聚焦之二：碳足迹——标记绿色奥运之路》，《环境教育》2008 年第 2 期。

10. 耿涌、董会娟、郗凤明等：《应对气候变化的碳足迹研究综述》，《中国人口·资源与环境》2010 年第 10 期。

11. 《广东近海海洋综合调查与评价专项——潜在滨海旅游区评价与选划项目报告》，国家海洋局近海海洋综合调查与评价专项。

12. 郭蓉、吴长年、何芸等：《从生态旅游到低碳旅游——从理念到实践》，《环境保护科学》2011 年第 2 期。

13. 国家海洋局近海海洋综合调查与评价专项沿海省、自治区、直辖市《潜在滨海旅游区评价与选划研究总报告》。

14. 何吉成、李耀增：《1975 – 2005 年中国铁路机车的 CO_2 排放量》，《气候变化研究进展》2010 年第 1 期。

15. 侯文亮：《低碳旅游及碳减排对策研究》，硕士学位论文，河南大学，2010。

16. 侯文亮、梁留科、司冬歌：《低碳旅游基本概念体系研究》，《安阳师范学院学报》2010 年第 2 期。

17. 侯玉梅、梁聪智、田歆等：《我国钢铁行业碳足迹及相关减排对策研究》，《生态经济》2012 年第 12 期。

18. 胡聃、许开鹏、杨新建、刘天星：《经济发展对环境质量的影响——环境库兹涅茨曲线国内外研究进展》，《生态学报》2004 年第 6 期。

19. 黄莹、廖翠萍、赵黛青：《东澳岛低碳旅游发展途径及政策研究》，《科技管理研究》2014 年第 1 期。

20. 鉴英苗、罗艳菊、毕华、黄宇、赵志忠、王鹏：《海南环东线旅游路线碳足迹计算与分析》，《海南师范大学学报》（自然科学版）2012 年第 3 期。

21. 姜东辉、靳雪：《基于终端消费的山东省旅游碳足迹研究》，《中国人口·资源与环境》2015 年第 6 期。

22. 科学技术部社会发展科技司、中国 21 世纪议程管理中心：

《全民节能减排使用手册》，社会科学文献出版社，2007。

23. 匡新瑞、武戈：《基于投入产出表的我国进出口贸易中 CO_2 排放分析》，《生态经济》2009 年第 1 期。

24. 勒诚、陆玉麒、范黎丽：《江苏国内旅游客源市场空间结构研究》，《经济地理》2010 年第 12 期。

25. 李丹枫：《广西滨海旅游客源市场总体特征分析》，《宁德师专学报》2010 年第 7 期。

26. 李德山：《论低碳型旅游景区的建设》，硕士学位论文，陕西师范大学，2010。

27. 李凤琴、李江风、胡晓晶：《鄂西生态文化旅游圈碳足迹测算与碳效用研究》，《安徽农业科学》2010 年第 29 期。

28. 李理：《沿海旅游空间结构的构建研究——以辽宁为例》，硕士学位论文，沈阳师范大学，2008。

29. 李齐云、商凯：《二氧化碳排放的影响因素分析与碳税减排政策设计》，《财政研究》2009 年第 10 期。

30. 李万刚、苏婷：《量量你的"碳足迹"》，《科技新时代》2009 年第 4 期。

31. 李志强、刘春梅：《碳足迹及其影响因素分析——基于中部六省的实证》，《中国软科学》2010 年第 10 期。

32. 刘佳、赵金金：《旅游产业低碳化发展水平评价与测度——以青岛市为例》，《经济管理》2012 年第 6 期。

33. 刘丽娟：《基于利益相关者低碳旅游发展路径构建——以秦皇岛为例》，《中国集体经济》2012 年第 36 期。

34. 刘韵、师华定、曾贤刚：《基于全生命周期评价的电力企业碳足迹评估——以山西省吕梁市某燃煤电厂为例》，《资源科学》2011 年第 4 期。

35. 罗丹丹：《海岛地区旅游地碳足迹与可持续发展研究——

以长海县为例》，硕士学位论文，辽宁师范大学，2012。

36. 罗希、张绍良、卞晓红等：《我国交通运输业碳足迹测算》，《江苏大学学报》（自然科学版）2012 年第 1 期。

37. 罗运阔、周亮梅、朱美英：《碳足迹解析》，《江西农业大学学报》（社会科学版）2010 年第 2 期。

38. 梅燕：《发展低碳旅游五大措施》，《商业研究》2010 年第 9 期。

39. 《2008 年福建省国内旅游市场抽样调查报告》，福建省旅游局、福建省统计局。

40. 《2013 年海南省国内游客抽样调查报告》，海南省政府网站。

41. 《2012 年河北省国内游客抽样调查报告》，河北省旅游局网站。

42. 潘家华、庄贵阳、郑艳、朱守先、谢倩漪：《低碳经济的概念辨识及核心要素分析》，《国际经济评论》2010 年第 4 期。

43. 《PAS 2050：2008 商品和服务在生命周期内的温室气体排放评价规范》，Cabon Trust & Defra，British Standard Institution（BSI）。

44. 邱云志：《旅游业绿色管理》，山西教育出版社，2003。

45. 单力、阿柱：《计算你的碳足迹》，《环境》2007 年第 8 期。

46. 商凯：《促进我国二氧化碳减排的碳税政策研究》，硕士学位论文，山东大学，2009。

47. 《上海市近海海洋综合调查与评价专项——上海市潜在滨海旅游区评价与选划项目报告》，国家海洋局近海海洋综合调查与评价专项。

48. 石培华、吴普：《中国旅游业能源消耗与 CO_2 排放量的初步估算》,《地理学报》2011 年第 2 期。

49. 史娜:《山东省国内旅游客源市场研究》,硕士学位论文,山东大学,2006。

50. 孙建卫、陈志刚、赵荣钦、黄贤金、赖力:《基于投入产出分析的中国碳排放足迹研究》,《中国人口·资源与环境》2010 年第 5 期。

51. 台湾"行政院国家永续发展委员会秘书处":《碳足迹标示及碳标章建置规划(草案)》,2009。

52. 《天津市近海海洋综合调查与评价专项——天津市潜在滨海旅游区评价与选划项目报告》,国家海洋局近海海洋综合调查与评价专项。

53. 汪宇明、吴文佳、钱磊、蔡萌:《生态文明导向的旅游发展方式转型——基于崇明岛案例》,《旅游科学》2010 年第 4 期。

54. 王怀採:《张家界旅游者碳足迹研究》,博士学位论文,中南林业科技大学,2010。

55. 王辉、宋丽、郭玲玲:《低碳旅游在海岛旅游发展中的应用与探讨——以大连市海岛旅游为例》,《海洋开发与管理》2010 年第 5 期。

56. 王洁、刘亚萍:《低碳旅游:气候变化下中国旅游业负责任的选择》,《岭南学刊》2010 年第 2 期。

57. 王珏:《低碳旅游的内涵及可持续发展策略分析》,《城市地理》2016 年第 2 期。

58. 王亚英:《金光纸业完成"碳足迹"评估项目》,《国际商报》2009 年第 3 期。

59. 魏艳旭、孙根年、马丽君、李静:《中国旅游交通碳排放及地区差异的初步估算》,《陕西师范大学学报》(自然科学版）2013 年第 3 期。

60. 吴文化：《我国交通运输行业能源消费和排放与典型国家的比较》，《中国能源》2007 年第 10 期。

61. 肖建红、王敏：《旅游业二氧化碳排放量区域差异性及减排效果评估——以舟山普陀旅游金三角为例》，《中国人口·资源与环境》2015 年第 11 期。

62. 肖建红、于爱芬、王敏：《旅游过程碳足迹评估——以舟山群岛为例》，《旅游科学》2011 年第 4 期。

63. 严恒元：《欧盟提出向低碳经济转型路线图》，《经济日报》2011 年 4 月 15 日。

64. 叶祖达：《碳排放量评估方法在低碳城市规划之应用》，《现代城市研究》2009 年第 11 期。

65. 于艳：《沿海开发背景下江苏滨海低碳旅游发展模式研究》，硕士学位论文，南京师范大学，2011。

66. 俞棋文：《低碳旅游开发模式研究》，硕士学位论文，华东师范大学，2010。

67. 张婷、胡传东、张述林：《基于投入产出方法的中国旅游部门间接碳排放分解研究》，《重庆师范大学学报》2015 年第 4 期。

68. 查建平：《低碳经济视角下中国旅游经济发展模式研究》，《旅游学刊》2015 年第 11 期。

69. 张晓盈、钟锦文：《碳税的内涵、效应与中国碳税总体框架研究》，《复旦学报》（社会科学版）2011 年第 4 期。

70. 张艳玲、李悦铮、曹威威：《基于低碳视角的我国海岛旅游发展初探》，《国土与自然资源研究》2012 年第 6 期。

71. 《浙江旅游统计便览 2013》，浙江省统计局。

72. 政府间气候变化专门委员会：《2006 年 IPCC 国家温室气

体清单计划指南》。

73. 中华人民共和国国家旅游局：《2016 年中国旅游统计年鉴（副本）》，中国旅游出版社，2016。

74. 中华人民共和国国家旅游局：《2014 年中国旅游统计年鉴》，中国旅游出版社，2014。

75. 周常春、袁茜、车震宇：《低碳旅游与旅游碳足迹探讨》，《未来与发展》2011 年第 8 期。

76. 庄贵阳、潘家华、朱守先：《低碳经济的内涵及综合评价指标体系构建》，《经济学动态》2011 年第 1 期。

77. 邹永广：《旅游景区碳足迹测算及其对环境影响》，《重庆师范大学学报》（自然科学版）2011 年第 5 期。

78. A. D. Ellerman & B. A. Buchner The European Union Emissions Trading Scheme: Origins, Allocation and Early Results, *Reviews of Environmental Economics & Policy*, 2007 (1): 66.

79. Albrecht, J., Francois, D., Schcors, K., "A Shapley Decomposition of Carbon Emissions without Residuals," *Energy Policy*, 2002, 30.

80. Andrea Baranzini, José Goldemberg, Stefan Speck, "A Future for Carbon Taxes," *Ecological Economics*, 2000, 32 (3).

81. Australia, T., "Tourism 2020: Whole of Government Working with Industry to Achieve Australia's Tourism Potential," Retrieved, December, 2011.

82. Bakhat, M., Rosselló, J., "Evaluating a Seasonal Fuel Tax in a Mass Tourism Destination: A Case Study for the Balearic Islands," *Energy Economics*, 2013, 38.

83. Bakos, G. C. , Soursos, M. , "Techno-Economic Assessment of A Stand-Alone PV/hybrid Installation for Low-Cost Electrifcation of A Tourist Resort in Greece," *Applied Energy*, 2002, 73 (2).

84. Baldo, G. L. , Marino, M. , Montani, M. , et al. , "The Carbon FootprintMeasurement Toolkit for the EU Ecolabel," *International Journal of Life Cycle Assessment*, 2009, 14 (7).

85. Beatriz, R. , Andreu, M. , Antoni, C. , et al. , "Energy Use, CO_2 Emissions and Waste Throughout the Life Cycle of A Sample of Hotels in the Balearic Islands," *Energy and Buildings*, 2010, 42 (4).

86. Becken, S. , "Analyzing International Tourist Flows to Estimate Energy Use Associated with Air," *Journal of Sustainable Tourism*, 2002, 10 (2).

87. Becken, S. , "Analyzing International Tourist Flows to Estimate Energy Use Associated with Air Travel," *Journal Sustainable Tourism*, 2002, 10 (2).

88. Becken, S. , Frampton, C. , Simmons, D. , "Energy Consumption Patterns in the Accommodation Sector-the New Zealand Case," *Ecological Economics*, 2001, (39).

89. Becken, S. , Frampton, C. , Simmons, D. G. , "Energy Consumption Patterns in the Accommodation Sector: The New Zealand Case," *Ecological Economics*, 2001, 39 (3).

90. Becken, S. , Simmons, D. , Frampton, C. , "Energy Use Associated with Different Travel Choices," *Tourism Management*, 2003, 24 (3).

91. Becken, S. , Simmons, D. G. , "Understanding Energy

Consumption Patterns of Tourist Attractions and Activities in New Zealand," *Tourism Management*, 2002, 23 (4).

92. Becken Susanne, Simmons David, G., Frampton Chris., "Energy Use Associated with Different Travel Choices," *Tourism Management*, 2003, 24 (3).

93. Britain, G., *UK Energy Sector Indicators: A Supplement to the Energy White Paper "Our Energy Future: Creating A Low Carbon Econorny,"* Department of Trade and Industry, 2003.

94. British Petroleum, "What is a Carbon Footprint?", http://bp. com/liveassets/bp_internet/global 16p. 2009 – 07 – 30.

95. Brown, M. A., Southworth, F., Sarzynski, A., "The Geography of Metropolitan Carbon Footprints," *Policy and Society*, 2009, 27 (4).

96. Carbon Trust, "Carbon Footprint Measurement Methodology," Version 1. 1, 2007.

97. Dalton, G. J., et al., "Case Study Feasibility Analysis of Renewable Energy Supply Options for Small to Medium-Sized Tourist Accommodations," *Renewable Energy*, 2009, 34 (4).

98. DEFRA, http://campaigns. direct. gov. uk/actonco2/home. html.

99. Druckman, A., Jackson, T., "The Carbon Footprint of UK Households 1990 – 2004: A Socio-Economically Disag-Gregated, Quasi-Multi-Regional Input-Output Model," *Ecological Economics*, 2009, 68 (7).

100. Edwards-Jones, G., Plassmann, K., York, E. H., et al., "Vulnerability of Exporting Nations to the Development of A Carbon Label in the United Kingdom," *Environ-*

mental Science & Policy, 2009, 12 (4).

101. Energetics, "The Eeality of Carbon Neutrality, London," http://energetics. com. aulfile? node id = 21228, 2007 - 07 - 30.

102. ETAP, "The Carbon Trust Helps UK Businesses Reduce Their Environmental Impact Press Release," 2007.

103. European Commission. A European Strategy for More Growth and Jobs in Coastal and Maritime Tourism. COM (2014) 86 final.

104. Global Footprint Network, "Ecological Footprint Glossary," http://www. footprint network content = glossary.

105. Grubb & Eills, "Meeting the Carbon Challenge: The Role of Commercial Real Estate Owners," *Users & Managers, Chicago*, 2007.

106. Herrmann, I. T., Hauschild, M. Z., "Effects of Globalisation on Carbon Footprints of Products," *CIRP Annals-Manufacturing Technology*, 2009, 58 (1).

107. Howitt, O. J. A., Revol, V. G. N., Smith, I. J., et al., "Carbon Emissions from International Cruise Ship Passengers' Travel to and from New Zealand," *Energy Policy*, 2010, 38 (5).

108. http://www. coolcalifornia. org/chinese/calculator. html.

109. Ian Yeoman, John Lennon, Adam Blake, "Oil Depletion: What does This Mean for Scottish Tourism?", *Tourism Management*, 2007, 28 (5).

110. IPCC, Summary for Policy makers of Climate 2007: The Physical Science Basis. Contribution of Working Group I to

the Fourth Assessment Report of the Intergovermental Panel on Climate Change, Cambridge: 2007.

111. Johnson, E., "Disagreement over Carbon Footprints: A Comparison of Electric and LPG Forklifts," *Energy Policy*, 2008, 36 (4).

112. Konan, D. E., Chan, H. L., "Greenhouse Gas Emissions in Hawai'i: Household and Visitor Expenditure Analysis," *Energy Economics*, 2010, 32 (1).

113. Kuo, N., Chen, P., "Quantifying Energy Use, Carbon Dioxide Emission, and Other Environmental Loads from Island Tourism Based on A Life Cycle Assessment Approach," *Journal of Cleaner Production*, 2009, 17 (15).

114. Kuo, N. W., Chen, P. H., "Quantifying Energy Use, Carbon Dioxide Emission, and Other Environmental Loads From island Tourism Based on A Life Cycle Assessment Approach," *Journal of Cleaner Production*, 2009, 17 (15).

115. Larsen, H. N., Hertwich, E. G., "The Case for Consumption-Based Accounting of Greenhouse Gas Emissions to Promote Local Climate Action," *Environmental Science & Policy*, 2009, 12 (7).

116. Lundie, S., Schulz, M., Peters, Q., et al., "Carbon Footprint Measurement: Methodology Report," Centre for Water and Waste Technology University of NSW in cooperation with Scion and AgResearch for Fonterra Cooperative Group Limited, 2009.

117. Mark Stallworthy, "Legislating Against Climate: A UK Perspective on A Sisyphean Challenge," *The Modern Law Re-*

view, 2009, 72 (3).

118. Mattews, H. S. , Hendrickson, C. T. , Weber, C. L. , "The Importance of Carbon Footprint Estimation Boundaries," *Environmental Science & Technology*, 2008, 42 (16).

119. Oliver J. A. Howitt, Vincent G. N. Revol, Inga J. Smith, Craig J. Rodger, "Carbon Emissions from International Cruise Ship Passengers' Travel to and from New Zealand," *Energy Policy*, 2010, 38 (5).

120. Pan Jiahua, "A Conceptual Framework for Understanding Human Development Potential: With Empirical Analysis of Global Demand for Carbon Emissions," *Social Sciences in China*, 2002, (1).

121. Patel, J. , "Green Sky Thinking," Environment Business, 2006, (122).

122. POST, "Carbon Footprint of Electricity Generation," London: Parliamentary Office of Science and Technology No. 268 2006 - 10.

123. Pratt, L. , Rivera, L. , Bien, A. , "Tourism: Investing in Energy and Resource Efficiency. UNEP," *Towards A Green Economy*, 2011.

124. Schulz House, N. B. , "Delving into Carbon Footprints of Singapore: Comparing Direct and Indirect Green-Gas Emissions of A Small and Open Economic System," *Energy Policy*, 2010, 38 (9).

125. Smith, I. J. , Rodger, C. J. , "Carbon Emission Offsets for Aviation-Generated Emissions Due to International Travel to and from New Zealand," *Energy Policy*, 2009, 37 (9).

126. Stefan Gossling, "Global Environmental Consequences of Tourism," *Global Environmental Change*, 2002, 12 (4).

127. UNEP, UNWTO, Tourism in the Green Economy-Background Report, UNWTO, Madrid, 2012.

128. UNWTO, UNEP, WMO, Climate Change and Tourism: Responding to Global Challenges, Madrid: UNWTO, UNEP & WMO, 2008.

129. UNWTO, World Tourism Barometer, UNWTO, Madrid, 2010.

130. Weber, C. L., Matthews H. S., "Quantifying the Global and Distributional Aspects of American Household Footprint," *Ecological Economics*, 2008, 66 (2).

131. Weidema, B. P., Thrane, M., Christensen, P., et al., "Carbon Footprint-Acatalyst for Life Cycle Assessment?", *Journal of Industrial Ecology*, 2008, 12 (1).

132. Wiedmann, T., Minx, J., "A Definition of Carbon Footprint," *Ecdogical Eoonomics Research Trends*, 2008, (1).

图书在版编目（CIP）数据

中国滨海旅游业低碳化发展途径与政策研究：基于
碳足迹理论的视角/刘明等著. -- 北京：社会科学文
献出版社，2017.10
　ISBN 978 - 7 - 5201 - 1412 - 7

　Ⅰ.①中…　Ⅱ.①刘…　Ⅲ.①滨海旅游 - 低碳经济 -
研究 - 中国　Ⅳ.①F592.3

　中国版本图书馆 CIP 数据核字（2017）第 231680 号

中国滨海旅游业低碳化发展途径与政策研究
　——基于碳足迹理论的视角

著　　者/刘　明　吴姗姗　刘　堃　朱　璇

出 版 人/谢寿光
项目统筹/恽　薇
责任编辑/颜林柯　王红平

出　　版/社会科学文献出版社·经济与管理分社（010）59367226
　　　　　地址：北京市北三环中路甲29号院华龙大厦　邮编：100029
　　　　　网址：www.ssap.com.cn
发　　行/市场营销中心（010）59367081　59367018
印　　装/三河市尚艺印装有限公司

规　　格/开　本：787mm × 1092mm　1/16
　　　　　印　张：13.5　字　数：157千字
版　　次/2017 年 10 月第 1 版　2017 年 10 月第 1 次印刷
书　　号/ISBN 978 - 7 - 5201 - 1412 - 7
定　　价/75.00 元

本书如有印装质量问题，请与读者服务中心（010 - 59367028）联系